大夏书系·通识教育

教育美学十讲

杨斌 著

以美学洞悉教育本质 让教育尽显成人之美

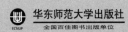

华东师范大学出版社

全国百佳图书出版单位

目 录 CONTENTS

教育美学的回归与重建

教育美学和教育美学思想并非同一概念。作为一种教育思想，教育美学渊源有自，和教育思想几乎同时滥觞。但是，狭义的也即学科意义上的教育美学，在我国却只是 20 世纪末叶方才诞生。1978 年召开的党的十一届三中全会为中国教育开辟了新的历史时期。30 多年来教育美学的发生、发展轨迹，深刻地反映了教育观念的巨大进步和深刻变化，见证着改革开放启动人的精神解放和觉醒的艰难而壮阔的历程。教育美学的历史性贡献，就在于真正确立了人在教育活动中的主体地位。但是，教育美学，是要在废墟和荒芜中构建新的理论大厦，还是在丰厚的教育实践地基上劳作拓荒，却仍然是一个有待进一步厘清的问题。

（一）教育美学溯源

教育美学孕育诞生的背景，是 1980 年代的美学浪潮。乘思想解放的强劲东风，挟学科交叉的学术新路，一时，各种冠之以"某某美学"的边缘学科应运而生。事实上，不是任何一个学科、任何一个知识门类都可以和美学挂钩牵手，只有从哲学上能够构成美学问题的那些科目，才能建立起学科美学来。据此标准，李泽厚就曾批评过美学这个词用得太滥了。譬如伦理美学、军事美学、新闻美学、爱情美学等。然而，就在李泽厚批评众多边缘学科名不副实的同时，却慷慨地为教育美学发放了许可证。在李泽厚的美学图谱中，就清楚地标着"教育美学"的字样。

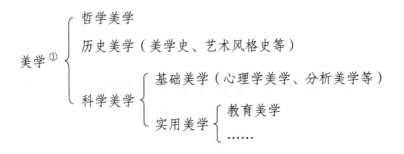

这当然不是李泽厚对教育的情有独钟，而是与他的人类学历史本体论哲学思想密切相关。在李泽厚看来，历史的发展，实践的活动，对人类的影响表现在两个方面：第一，所谓工具本体，简言之，就是社会的发展从根本上说，取决于生产力水平的进步和提高；第二，所谓心理本体，就是历史社会的发展进步最终也应带来人的心理情感的丰富和提高。社会越进步越发展，人的矛盾困惑越显突出，心理情感问题越显重要。前者进步靠科学技术，靠人类的生产实践，后者提高只能靠教育。因此，李泽厚对教育学寄予厚望："19世纪：哲学关注的是对人类宏观历史的把握；20世纪：西方哲学为语言学统治；21世纪：与生理学遗传工程等充分发展相适应，教育学、心理学将继历史学和语言学走上哲学的祭坛。……中国的马克思主义将在论证两个文明建设中，把美学—教育学即探究人的全面成长、个性潜能的全面发挥作为中心之一。"[2] 可见，李泽厚提出教育美学的概念，是基于教育所肩负的人的全面发展的宏大历史使命。

哲学的使命是唤醒。1981年赵宋光率先在《论美育的功能》一文中提出"立美教育"的概念，认为建立美的形式的教育活动是人类"按照美的规

① 李泽厚：《美学四讲》，《美的历程》，第431页，安徽文艺出版社，1994年版。该文最初发表于1980年。

② 李泽厚：《我的哲学提纲》，《批判哲学的批判》，第488页，安徽文艺出版社，1994年版。

律来塑造物体"的宏伟历史在教育领域中的缩影。作者主张，"学科知识中的自然科学定律、各种工艺制作和技术设计、生产劳动教育、大自然、文学艺术作品中，都蕴藏着极为丰富的审美内容。要通过审美教育，引导学生发展自己潜在的本质力量，培养对自由运用规律以造福社会的形式的浓厚兴趣，提高灵敏度、活跃性和统摄力等审美素质，丰富儿童的审美感受。"[1] 赵文虽然没有明确使用教育美学概念，但是他提出的"立美教育"，无可争辩地成为教育美学的嚆矢。值得一提的是，赵宋光和李泽厚是大学同班同学，50 年代起就曾一起研究人类学历史本体论。因此，在思想解放大潮中，一个从哲学美学角度提出教育美学概念，一个从教育学自身规律出发，萌生教育美学思想，可谓殊途而同归。

接着，一批研究成果相继问世。1987 年，郑钢以"关于建立教育美学的构想"为题发表论文，明确提出学科意义上的教育美学概念。[2] 1988 年自在发表《关于教育美学》一文，提出"教育教学过程是美的。这种美学现象和规律很大程度上表现在我们对活动的体验、品味上。因为这里有节奏，有旋律，有色彩；那么有一种特具魅力的情绪吸引力使人沉浸其中，备受欢畅愉悦之感染，如痴如醉，飘逸脱俗，心旷神怡。这便是美感了。"[3] 几乎同时，陈建翔也著文指出："传统教育从总体上，从根本上忽略了美，它仅仅在美育中涉及美，而这个美又都在教育以外。""教育美学研究的一个重要任务，就是要揭示教育美的形成、创造的规律，说明如何在教育中按美的规律来建造人，即如何立美造人的问题。立美造人的实质，就在于教育活动的各个环节都加入了美的创造因素，教育作用通过审美作用来实现。"[4] 接着，《教育美学》（何齐宗，1995 年）、《教育美学论稿》（郑钢等，1996 年）、《贫困的教育美学》（冉铁星，1999 年）等若干教育美学专著出版，标志着一门

---

[1] 赵宋光：《论美育的功能》，《美学》，1981 年第 3 期。
[2] 郑钢：《关于建立教育美学的构想》，《湖南师范大学学报（社会科学版）》，1987 年第 2 期。
[3] 自在：《关于教育美学》，《江西教育科研》，1988 年第 3 期。
[4] 陈建翔：《略论教育美的创造》，《教育评论》，1988 年第 4 期。

年轻学科——教育美学的诞生。

"春江水暖鸭先知"。教育美学像报春的花朵，呼唤在教育活动中引入美的质素，不仅优化教育过程，而且倡导立美育人，这是对"极左"思潮抹煞人在教育中地位的一次拨乱反正，是教育过程中人主体意识的觉醒和主体地位的复归，是教育领域改革开放的巨大成果，是一场深刻的教育变革的前奏和先声。

（二）教育美学辨正

然而，教育美学的发展步履维艰。进入新世纪以来，研究成果、学术梯队以及课程建设都没有出现期待中的繁荣，相反却有渐行渐远之势。而此种困窘的根源似仍在于学科本身的不成熟。在不少研究者那里，教育美学的立足点明显站在美学一边，教育成了美学的婢女；或者，貌似独立于教育学和美学之间，不偏不倚，其实，不知不觉中把美学当作教育的救世主。筚路蓝缕之际，出现这样的模糊甚至错位现象在所难免，但偏离教育实践的学科定位势必影响其健康发展，也势必会削弱其对实践的引领作用，从而名副其实地成为了"边缘学科"——被边缘化了的学科。

首先，关于教育美学的属性。教育美学作为一门学科能否成立？教育教学包孕着丰富复杂纷纭多姿的美学问题，不仅有学科知识自身积聚的种种现象和矛盾，更因为教育是和活生生的人打交道，教育教学过程时时刻刻都在演绎着形形色色的精彩和无奈。教育需要美学精神，教育呼唤美学规律。可见，即使用严格的学科分类标准衡量，"教育美学"也是一个站得住的概念。但是，教育美学到底是研究美学还是研究教育？究竟是在美学枝头缤纷开花，还是在教育土壤里生长果实，却是一个必须辨析清楚的问题。

本书认为，教育美学的"美学"是广义的美学。如同电影美学、书法美学、建筑美学等许许多多实用美学一样，她的任务不是要构建恢宏严谨的美学理论大厦，而是成为一门实践性很强的应用学科。教育美学是在教育和美学两门学科边际产生的交叉学科，但是，她并不是"教育"和"美学"的简单叠加。从研究对象说，教育美学不是研究美学，而是研究教育；就其思想资源说，历史上一切关于让教育变得更合规律、更有智慧、更美的教育思想，都是教育美学应该汲取的思想营养；而美学则是一个泛化的概念，主要是提供一种哲学的视角和参照，即确立一种追求的境界。教育的最高境界是美；美的教育必然是最合规律，最为和谐，也是最有利于人的发展和成长的教育。教育美学要特别警惕脱离教育而成为美学理论抽象思辨的"跑马场"。之所以要构建教育美学学科，不是要拉美学大旗作虎皮以招摇过市，或者是为了标新立异哗众取宠，而是只有真正还教育以美学品质，才有利于教育的健康发展。因为，教育是关于人成长发展的学问，教育的本质特征是抚育个体以人性的形式，通过涵养个性来发展整个人性，而美学的本质是探讨如何让人变美的学问，两者在本质上是经脉相通血肉相连的，联结点就是两者都着眼于人的完善和发展。在一切教育活动中，都可能而且也应该致力于内容和形式的"立美"，用"立美育人"来提升教育品位。如果忽略教育美学的教育学特征，而把着眼点放在美学理论方面，希图通过美学理论的演绎来寻找教育美学的建构路径，那么研究者势必因找错方向劳而无功，实践者也必然因其脱离实际望而却步。

其次，关于教育美学的内涵。具体说，就是厘清"教育美学"和"教育学"以及相关学科的关系。如前所述，教育美学以教育为研究对象，那么，她和同样以教育为研究对象的教育学是何关系？教育美学是教育和美学的交叉学科，那么，她和同样有着学科交叉性质的"审美教育"等概念是否内涵一致？区别何在？

先看教育美学和教育学的关系。应该承认，这是一对种属概念。教育学是上位概念，教育美学是其下位概念。教育学研究的是教育的一般规律，教育美学研究的是教育的"审美、立美、臻美"规律。教育学关注的是教育这一静态的过程，教育美学关注的更多的是教育中的人，人的生命、情感、心灵发展发育的动态过程。教育学的研究旨趣主要是知识能力的传授，教育美学的研究旨趣是教育过程和教育目标（即人）品位的提升。再说教育美学和审美教育的关系。同样应该承认，它们都是教育和美学的交叉和融合，其内涵重合之处甚多。但是，仔细厘清其内在差别、辨明其各自内涵也是必须而且有益的。从范围上说，审美教育不止限于教育，教育以外也有审美教育；从对象上说，审美教育以艺术教育为主，教育美学则完全指向教育，以教育活动全过程为研究内容；从功能上说，审美教育着眼于学生审美能力的完善与提高，教育美学则以提升教育素质、教育品位为宗旨。教育美学致力于发现和发掘教育过程中属于教育自身的各种要素的美，阐释和揭示教育如何按照美的规律，其实也就是教育自身的规律进行活动，让教育过程的所有环节和要素、内容和形式服从并且服务于人的健康成长和发展。

为此，教育美学的逻辑建构要遵从教育的内在要求，而不是移植美学的概念框架；要以教育实践为研究的逻辑起点和旨归，而不是在教育学之外构建一座新的理论大厦。教育美学无须解释教育生活的美，而要着眼于探讨什么是教育的美？怎样的教育才美？教育怎么样才美？在教育生活中寻找教育美的基因时，不用先验的种种美学概念作基础，一切都必须也只能从教育现象和教育生活出发，寻求符合教育规律的教育特质之美。概言之，教育美学不是为了证明教育和美本质相同（当然，它们应当本质相同），而是为了让教育本身更加符合教育规律；而更加符合教育规律，也就自然契合了美的规律。

教育美学需要回归和重建。

（三）教育美学论纲

（1）教育本质美：确立人在教育中的崇高地位，让教育成为人的生命和心灵发育成长的过程。

教育是一种特殊的实践活动。教育活动应该也必须符合美的规律，但同时，教育又不同于其他实践。教育作为实践的特殊性在于，它的对象是人，是学生。这个对象既有作为对象的一般特点，更具有作为教育主体的本质需要。教育的目的，是要实现对象的全面发展，以造福社会，也造福学生本人。为了达到这个目的，教育必须按照学生这个对象特有的成长变化的规律来实施。因此，提出教育美的全部依据就是：教育的工作对象是人，教育的工作目标是人的成长和人的幸福，教育的工作内容是以智慧培育智慧，以心灵滋养心灵。教育必须按照美的规律，一切服务于人的成长，一切服从于人的发展，一切着眼于人的未来。理解教育本质美的关键在于，确立人在教育工作中的崇高地位。

教育美学和之前的各种美育理论，有内在联系更有重要区别。联系在于，教育美学和许多美育理论一样，力图在教育活动中引入美的元素，用美来润泽教育，让教育活动更符合美的规律。区别在于，之前的美育理论，有的取心理学角度，有的取文艺学视角，有的从哲学入手，但都只是把教育作为和美嫁接的枝条，做一些不算牵强但还只是浅显的或者说外围的触摸，而不是把教育本身作为发生美、创造美的一个有机而完整的系统来研究。教育规律和美的规律同源，遵循美的规律也必然符合教育规律。当教育按照美的规律实施的时候，教育也就达到了一种自由创造的境界。教育美学是教育的最高境界。

（2）**教育活动美：教育既是知识建构，又是丰富多彩的生活，要让人在教育生活中全面和谐发展。**

教育离不开活动，教育的生命在于活动。因为教育是人的生命成长发展的过程，人的生命成长发展离不开活动，教育当然也离不开活动。课堂教学和课外活动是教育最重要的活动形式。因另专谈教育艺术美，故这里的活动主要指课外活动。教育活动在人的成长过程中意义重大。没有活动就不会有人的发展，没有全面的活动也就不会有人的全面发展。雅斯贝尔斯说："所谓教育，不过是人对人主体间的灵肉交流活动（尤其是老一代对年轻一代），包括知识内容的传授、生命内涵的领悟、意志行为的规范，并通过文化传递功能，将文化遗产教给年轻一代，使他们自由地生成，并启迪其自由天性。""教育是人的灵魂的教育，而非理智知识和认识的堆集。"①这就是说，光教给孩子一些知识，只重视孩子的文化学习，这还不是完全的教育。完全的教育，是把孩子作为一个完整的人来培养的工作。作为一个人，孩子不仅需要知识，更需要灵魂，他还有意志、信仰、交往、行为规范等等方面需要培养和发展。只关注文化知识的教育，是不顾孩子灵魂的教育，也常常变成没有灵魂的教育。

活动的主要目标就是意志、信仰、交往、行为规范等方面的教育，是灵魂和生活态度的教育。社团、游戏、集会、劳动、军训、野营、郊游……各种各样的活动，无不包含着丰富的教育内容，它们带给学生的教益和营养是课堂上永远学不到的，也是孩子成长过程中必不可少的精神乳汁。譬如，社团活动中的团结合作和探索精神、游戏中的机敏和智慧品质、典礼集会中的归属感和神圣感、劳动中的坚毅顽强和韧劲、军训中的纪律意识和团队意识、野营中的生活能力和生存能力、郊游中的来自大自然的感悟和启迪……对于完善孩子的人格结构、促进孩子的心灵发展和灵魂发育，其作用无可替代。不是所有的活动都一定要有教育性。即使纯粹意义上的游戏和娱乐对孩子的成长也必不可少，它们是欢乐童年的重要组成部分。而有无一个斑斓多彩的童年，对其一生成长的影响和幸福感的形成也是至关重要的。

（3）教育内容美：教师应具备"慧眼"，穿透知识表象，发现和创造学科之美而"以美启真"。

蔡元培曾经指出："凡是学校所有的课程，都没有与美育无关的。"教材的审美因素，即蔡元培所说的"美育之原素"，每个学科门类中都有，而且是和智育因素水乳交融地结合在一起的。这些内容为什么会美？李泽厚说："对客体合规律性与主体合目的性相统一的主体感受可能是开启对客观规律的科学发现的强有力的途径，例如对类比、同构、相似等强烈敏感、直观选

---

① 雅斯贝尔斯：《什么是教育》，第3页，生活·读书·新知三联书店，1991年版。

择和自由感受便是与科学的真有关的。"①简言之，美和真是相通的。自然界本身的规律叫"真"，人类实践主体的根本性质叫"善"。当人们主观目的按照客观规律去实践得到预期效果时，主体"善"的目的性与客观事物"真"的规律性就会融合起来。真与善、合规律性与合目的性的这种统一，就是美的本质和根源。教学内容反映的是各个科学门类的客观规律，这些规律凝结着人类的智慧和劳动成果的结晶，这里，也同样有着真与善、合规律性与合目的性的统一，因此，教学内容也同样具备科学美的特点。

关注教学内容的美，对教育教学意义重大。美学中有"以美启真"说，即通过美去发现事物的真。美是真理的光辉、自由的万能形式。这种科学发现或创造直观与艺术家对艺术美的发现创造具有许多相通或相似之处。教学中可以引导学生通过感受美的光辉去感知学科内容，美成为知识学习过程中的一条有益的路径。事实上，在教学内容中，知识和美如水乳交融，无法分开。合则双赢，分则俱伤。深刻地把握了"真"，也就自然领悟了其中的"美"；寻找到恰当的"美"的路径，也容易逼近事物的本质——"真"。

（4）教育艺术美：让教育教学成为一门艺术，让教师和学生成为创造教学艺术的共同主体。

教育有规律，不符合规律的教育是可怕的；但教育规律又是那样的难以捉摸，那样的无法确定，那样的神秘乃至吊诡。于是，教育艺术之美应运而生！

教育艺术之美是教育美学的重要内容。在教育艺术美的创造过程中，教学材料（包括知识以及凝聚在知识自身的审美元素）首先成为教师和学生共同的审美对象，它们会给师生双方带来丰富的审美感受。其次，成功的教学氛围也成为师生共同的审美对象，师生都会从中感受到一种劳动成功的喜悦。再次，教师和学生也可以互为审美客体。学生之于教师，教师之于学生，也都可以从中收获一份诚挚的信赖和爱，获得其他劳动都无法获得的审

---

① 蔡元培：《蔡元培美学文选》，第155页，北京大学出版社，1983年版。

美愉快。

教育艺术美取决于教师的创造意识和创造能力。小原国芳指出："教师自身有创造性，是使儿童有创造性的第一原理。"[1] 教师应该具有创造意识，创造性地把学习内容转换成一个个问题，再调动学生解决问题或者主动发现问题。教学艺术美的创造也和一切艺术创造一样，陈陈相因，是没有艺术可言的。教学中面对的是性格各异、思想日新的儿童，更是处处充满了创造的契机。家长式的粗暴、官僚式的冷漠、师爷式的专横都与成功的教学创造无缘，因而也势必扼杀和窒息教育艺术美的生命。

（5）教育主体美：让学生和教师成为教学活动的真正主体，享受学习生活和教育劳动的幸福。

是否承认学生在教育活动中的主体地位，是现代教育和传统教育的一个重要分水岭。在传统教育中，学生只是教师的灌输对象，是只能被动接受的知识容器。现代教育论认为，学生和教师一样，也是教育活动过程中的重要主体，教育是教育者和学生的双向互动过程。承认学生在教育活动中的主体地位，才有学生的主体美可言。因为只有成为实践活动的主体，才有创造的意识和自由，才能成为实践活动的主人。

学生成为教育活动的主体，一方面是指学生在教育者的引导下把文化知识转化为自己的主体内在品质，譬如自身的情感态度、价值观的变化等，这是自身素质不断优化的过程；另一方面是指学生在受教育过程中把自己内化的东西外化出来，生产出自己的劳动成果，譬如学习成绩、创造成果等。学生主体美的形成步履，贯穿于教育活动的全部过程。

教师劳动的过程也是一个艺术创造和审美的过程。教师的美就是在教学创造过程中产生的学生和教师自身的审美感受。相对于学生，教师是学生的审美客体；同时，教师又是教育劳动的主体，自身也具有丰富的审美体验。在创造性教学劳动中，教师自己应该而且也能够获得审美满足。能否获得

---

① 小原国芳：《小原国芳教育论著选》（下卷），第 376 页，人民教育出版社，1993 年版。

这种审美满足以及这种审美满足的程度如何，也是衡量教师工作成败的一个重要尺度。教师的美感体验主要来自对自身教学艺术的成功体验。成功的教学活动无不是充满创造的过程。创造过程即充满审美愉悦的过程，因为在创造过程中，必然是创造主体的本质力量得到实现，即"人的本质力量的对象化"。在这实现本质力量的过程中，创造主体自身一定也会获得巨大的精神上的满足，从而获得美感。当师生合作创造出成功的教学情境时，教师心中那种淡淡的却也是难以言说的愉悦是非个中人难以体会的。

研究教师的主体美对教育工作意义重大。教师的美感体验可以激发教师的劳动热情，可以使他们充满快乐地劳动，品尝劳动乐趣，减轻职业倦怠，而不会像劳役那样痛苦。因为只有在能够获得美感体验的创造性劳动和探索中，才能比较有效地克服种种矛盾、苦恼和厌倦情绪。否则，容易产生消极、沮丧心理，降低劳动热情。教师的美感体验还可以活跃课堂气氛，刺激学生的学习动机。情绪具有互感性，教师的情绪体验必然给学生以感染。只有教师的劳动充满愉悦和成功体验，才会有学生在学习过程中的成功和愉悦。只有解放教师，才会有学生的解放。因此，能否为教师提供宽松的劳动环境，创造和谐的劳动氛围，让教师能够自由舒畅地投入教育创造，就是教育管理者不容忽视的一个重要问题。

（四）余论

新时期以来教育美学的研究和实践，虽然存在这样那样的不足，但仍应看作是教育学呼应时代走向现代的一次积极尝试。回归，绝不是简单的否定和回到原点，而是否定之否定螺旋式上升的嬗变；重建，也绝不是粗暴地推倒重来，而是在积极肯定和汲取已有成果基础上的修正。提出教育美学的回归和重建，说到底，其实就是要教育美学从学术的象牙塔中走出来，更加贴近教育，引领教育，服务教育。

在全球化现代化浪潮汹涌、国家发展空间竞争日趋白热化的今天，教育如何肩负起培养大批创新性杰出人才，肩负起建设人的心灵家园的重大历史使命？这是一个严肃而艰巨的时代课题。在创新型人才的培养过程中，美感修养占有十分重要的地位。个体审美修养是产生创造性的温床。对创造力有重大影响的动机、智力、个性这三种因素，无一不与人的审美修养密切相关；而个体的美感修养又是社会美感修养的基础，只有社会美感修养的丰饶深厚才是杰出人才大批涌现的历史条件。同时，和谐社会建设也对教育期望殷切。社会的现代化程度越高，人们的心理建设任务越重。现代化生产高速度，快节奏，激烈竞争，必然带来人的心理焦虑和人际关系紧张，出现所谓"现代化焦虑"。现代化背景下人的心理建设重要而且紧迫，最终要通过美的教育来予以纾解。

随着美育被列为国家教育方针，随着教育改革的不断深入，尤其是随着时代对创新型人才的急切呼唤，教育美学必将越来越受到教育理论和教学实践的重视。教育美学应当义无反顾地走向教育实践，全面地改善教育质素，立美育人，让教育过程成为心灵"内化、凝聚和积淀"的发育过程，为培养心灵和谐、创造力充沛的一代新人做贡献。面对时代的召唤和哲学的启示，教育美学任重而道远。

第一讲 教师之美

教师的魅力

1967年底，陈寅恪卧病在床。红卫兵要抬陈寅恪先生去大礼堂批斗，陈夫人知道虚弱的陈先生要是真的被拉出去，可能就很难保命回家了，于是她出面阻止，但被造反派狠狠地推倒在地。当时，陈寅恪先生在清华国学研究院的嫡传弟子、中山大学历史系前主任刘节教授挺身而出代替老师去挨斗。批斗会上，"小将"们对年过60的刘节轮番辱骂、殴打，之后又问刘节有何感想，刘节昂起头，答："我能代替老师挨批斗，感到很光荣！"结果得到红卫兵们更加猛烈密集的拳头。

记录这件事的作者、复旦大学教授蒋天枢，也是陈寅恪早年在清华国学研究院的学生，师生之间同样演绎着一段情重如山的道义佳话。1949年之后，师生两人虽然一在广州，一在上海，见面不多，但先生却充分信赖晚年只有两面之缘的学生蒋天枢，病榻上将编定的著作全权授予蒋天枢整理出版。学生蒋天枢也的确担当得起这份信赖。早在1958年，他在其履历表"主要社会关系"一栏中就曾这样写道："陈寅恪，69岁，师生关系，无党派。生平最敬重之师长，常通信问业。此外，无重大社会关系，朋友很少，多久不通信。"当时，批判资产阶级史学权威的政治运动正如火如荼，蒋天枢在这种只会带来麻烦而不会有任何好处的"社会关系"中，丝毫不掩饰对老师陈寅恪的敬重之情，足见其为人之忠厚笃实。接受了恩师的"性命之托"之后，蒋天枢放弃了自己学术成果的整理，全力校订编辑陈寅恪遗稿，终于在

1981 年出版了 300 余万言的《陈寅恪文集》，基本保持了陈寅恪生前所编定的著作原貌，作为附录还出版了他编撰的《陈寅恪先生编年事辑》。有人说，1980 年代，陈寅恪在学术界的异军突起，与蒋天枢呕心沥血出版的这套《陈寅恪文集》干系甚大。

两个故事彰显的是一个道理，也就是常常为人们忽略的教师人格魅力，或者说人格之美。教师人格之美是教师美的重要组成部分，但不是全部。教学过程不仅是一个知识传授的过程，也是一个艺术创造的过程，因而应该也是一个审美的过程。在教学这一审美过程中，教师、学生互为主体、客体。教师作为审美客体所具有的审美价值可谓大矣，而人们对教师作为教育劳动主体的认识可谓少矣。

所谓审美价值，"指自然界的对象和现象或者人类的劳动产品由于具备某种属性而能够满足人的审美需要，能够引起人的审美感受"[1]。教师的劳动，能"满足人的审美需要，能够引起人的审美感受"吗？回答是肯定的。

首先，从教师劳动的性质看。根据马克思主义的美学理论，体现了人的本质力量的创造性劳动便会闪出美的火花，因为这种劳动是合目的、有意识的，而且是自由的、富有创造性的。教师的劳动就是这样一种创造性劳动。由于教育对象的千差万别，由于教育内容的不断变化，也由于教师个人条件的各不相同，教师的劳动不可能有千篇一律的模式，而只能由教师去自由创造。就像一千个读者有一千个哈姆雷特一样，一千个教师就会有一千种教法。因此，教学便成了一门艺术，教师成了特殊形式的艺术家。"使教育过程成为一种艺术的事业"[2] 早就是人们对教育的要求。在这艺术创造的过程中，教师的创造性得到充分的发挥，教师劳动的美，便在这创造过程中产生。教师"掌握有一种神奇的力量，他们能唤醒自己，也唤醒他们接触的人，……他们能成为艺术家，人类关系的艺术家，成为人的问题这个艰难领

---

[1]《简明美学辞典》，第 178 页。

[2] 华东师范大学教育系等:《现代西方资产阶级教育思想流派论著选》，第 235 页，人民教育出版社，1980 年版。

域中的美的创制者"①。

其次，从教师劳动的对象看。教师劳动的对象主要是学生。学生不是容器，而是活生生的人。"学生既是教的客体，又是学的主体，这样一个特征不可忽视"②。相应地，教师以及教师的劳动便成了客体。因此，学生不仅从老师那里接受知识，同时也必然对教师从外在形象到教学艺术进行审美判断。无论教师意识到与否，教师在讲台上实际上是扮演了演员的角色，而观众对于演员进行审美活动的道理是显而易见的。人们常说，听一堂好的课便是一次美的享受，就是这个道理。

第三，从教师劳动的特点看。教师的劳动具备了美的全部特征。教师的教学活动是具体可感的。教师不仅用语言塑造着各种听觉形象，也借助于教具、板书塑造各种视觉形象，同时，如上所述，教师本身也就是一个可感的富于感染力的形象。教学过程也是师生交流情感的过程。在这个过程中，学生会由于教师的一个巧妙的提问、一句幽默的话语或自身的一个细小的发现而激动、微笑、深思，处于一种美妙的创造过程中。于是，他们的审美感常常会伴着智慧的火花一起产生。

毋庸置疑，教师作为审美客体，具有丰富的审美价值。教师创造的美是无形的，教师是在"溪流般流动的过程中，收获自己创作的成果。他们的作品就是教学理想溶化入学生生活，就是男女孩子们增强了对文学的敏感，就是少年们增进了对自我和伙伴的认识，就是青年们发展了判断力和思考力"③。只有充分认识这一点，教师才能从自己的劳动中获得艺术创造和艺术欣赏的快乐，才能愉快地胜任那繁重而艰辛的教学工作。也只有充分认识这一点，才能使社会进一步认识并承认教师劳动的艰辛与价值，从而真正尊重教师的创造性劳动，促进全社会进一步树立尊师的良好风尚。同时，由于教师的审美价值同教学艺术紧紧地联系在一起，

---

① 克莱德.E.柯伦：《教学的美学》，《教育研究》第48页，1985年第3期。

② 斯卡特金：《中学教学论——当代教学论的几个问题》。

③ 克莱德.E.柯伦：《教学的美学》，《教育研究》第48页，1985年第3期。

因此，加强对教师美的研究，一定会使更多的教师自觉地踏上教学艺术之路。

教师的审美价值首先体现在自身的外在形象上。这种外在形象的美应属于形式美的范畴，对这种美的认识当然也应遵循形式美的法则。按照作用于学生视觉和听觉的区别，教师的外在形象的美主要包括仪表的美、教态的美、语言的美、节奏的美等等。教师的仪表应该端庄、大方；教态应该自然、雍容、庄重、恬静，举手投足都要恰到好处；语言要注意启发性、教育性、科学性和直观性，节奏要鲜明。

从美的角度看，形式是为内容服务的。形式美只有在表现适当的内容时，才能显示出积极的能动作用。这就要求形式必须为内容服务。在这个前提下，形式也具有独特的美学价值。

以教学过程中的语言为例。语言是教师对学生发生影响最大的工具之一。教学效果如何，在很大程度上取决于教师的语言表达能力，并且语言艺术也可以激发学生的丰富的美感。听觉是人的高级的审美感觉之一。教师的语言首先要准确、明晰，这样才能达到教学目的；在语调上要谦逊温和、抑扬顿挫；在速度上要缓急有致、张弛有度；在风格上要刚柔相济，或庄或谐，或侃侃而谈如唠家常，或一唱三叹余音袅袅……如果这些语言形式和内容形成一个有机的整体，那么这语言激发起的美感使学生或如坐春风，流连诗境；或浮想联翩，或低首心折……出现如高尔基所说的"语言的真正的美"，表现出"感人的力量"①。在这美的氛围中，不仅给学生以强烈的熏陶，而且知识也是很容易渗进主体心田的。需要强调的是，语言的魅力只能来自诚实的心灵。教师只有对学生怀着深切的爱，像别林斯基所说的让语言"充满爱情"，才能产生巨大的魅力。说到教学语言，不能不说到幽默的力量。曾在一份班级毕业纪念册上，看到教师语言集锦：

---

① 王朝闻：《美学概论》，第 218 页，人民出版社，1981 年版。

数学老师：

你看这个二次函数图像，它很滑的，滑得不得了，数学家最喜欢的东西，每个点都可以求导数的。

它太偶了，偶得都让你感动了。

不等式是非常脆弱的。

历史老师：

第二次工业革命后，科学和技术迅速地走到了一起，便迅速投入生产……那时候就算是没有马克思，也会有个范克思站出来的。（历史老师姓范）

那个时候只可以发小册子，哪像现在，在网上动不动就来个"我顶！"。（讲到太平天国运动，洪秀全印发小册子进行宣传）

仔细揣摩这些被学生铭记的"语录"，你会发现这些语言的共性就是"好玩"、"好笑"。也许正是因为这些"好玩"、"好笑"，才让同学对你产生了一种格外亲近的感觉，会觉得你的身上人情味更浓更丰富些，人格魅力更鲜明些。苏霍姆林斯基说："教育素养的这一重要特征的第一个标志，就是教师在讲课时能直接诉诸学生的理智和心灵。在拥有这一真正宝贵财富的教师那里，讲述教材就好比是向交谈的对方（学生）发表议论。教师不是宣讲真理，而是在跟少年和男女青年娓娓谈心：他提出问题，邀请大家一起来对这些问题进行思考。在分析这种课的时候，大家会感觉到在教师跟学生之间建立了一种密切的交往关系。"①正是这样一种基于心灵的谈心，而不是宣讲真理式的布道，才会让教师真正走进学生心灵，从而成为他们的朋友或者自己人。教师走近学生的姿态，不应是俯视的，而应是平视的，甚至如一位颇有经验的老师所说，应该"蹲下你的身子"。让我们的语言"好玩"些，"好笑"

---

① 苏霍姆林斯基：《给教师的建议》，第415页，教育科学出版社，1984年版。

些，就是我们"蹲下"身子走近学生的一种表现。

再如节奏。首先，要使全课的结构严谨，忌"松"忌"散"；其次要注意设置波澜，忌"平"忌"淡"；再次，还应注意留下"空白"，给学生以思考的余地，忌"直"忌"浅"。这种鲜明的节奏也是形式美的一个重要因素。学生的思维随着教师的引导，时停、时续、时急、时缓，时而凝神静思，时而跃跃欲试，时而窃窃私语，时而互相质辩……教师像一个高明的指挥，调动着学生思维的千军万马。它可以克服单调、呆板现象，集中学生的注意力，消除学生的心理疲劳现象，提高学习效果。

魅力源自创造

形式的美仅仅来自感性，来自外观，因而这种美感还是比较肤浅的。教师的审美价值，主要的还是来自教师的创造性劳动，来自教学艺术。这种美比之于形式的美，要深刻得多，强烈得多，它在学生心中引起的是理智的满足。这种教学艺术的美按其性质，可分为情境（或理性）的美、机智的美、风格的美等等。

1. 情境（或理性）的美

罗丹说过："虔诚地研究吧！你们不会找不到美的，因为你们将要遇见真理。"美与真理同在。只有真正把握了教学内容中包蕴的理性，才谈得上领略作品的美。教师的责任之一，就是要引导学生去领略作品中包蕴的情境或理性的美。对于文学、音乐、美术这一类课，教师就要学做一名导游，带领学生曲径探幽，深入美的境界，把握作品中的诗意，接受人生的启迪。评定这类课是否成功，应该把教者对教学内容中美的发掘程度、传达程度作为重要依据。要做到这一点，重要的一条，就是教师要进入"角色"，只有教师先被这种美感动，才能感动学生。而进入了"角色"的教师，自然是美的。譬如，教朱自清的《荷塘月色》，只有教师先进入诗一样的境界，领略作者那淡淡的忧伤，准确地、形象地传达出来，才能使学生真正领略文章的诗意，理解作家向往美好事物的情怀。对于自然科学的一些学科，在教学中则要努力挖掘理性的美、科学的美，使学生既受到真理之光的烛照，又受到美的感染。以数学教学为例，数学概念的简要性、统一性，结构系统的协调性、对称性等等，都闪烁着美的火花。数学教学的目的之一，是使学生获得对数学的审美能力。总之，当教师充分挖掘并且传达出教学内容包蕴的理性的美时，当教师同课本中美的情境达到一种高度的和谐时，教师，便也成了美的化身。

2. 机智的美

乌申斯基在《人是教育的对象》一文中是这样阐述教育机智的："不论教育者怎样地研究了教育学理论，如果他没有教育机智，他就不可能成为一个优良的教育实践者。"[①] 教师面对的是一群活生生的学生，他们个性不同，气质各异，心理也处在不断变化中，这就决定了教师在教学过程中随时都可能遇到事前难以预料、必须特殊对待的问题，而能迅速作出反应，采取恰当的措施，这就是教育机智。如在课堂上有时学生会突然提出与教学内容无关的问题，或者对教师的要求拒不执行，学生之间也会因一些问题而争执不休，这就要求教师能冷静、沉着地予以处理，机智地加以引导。此时，教师冷静沉着的态度、化险为夷的方法以及对学生的真诚的态度，都可转化为一种灵魂的感化力量渗入学生的心田。当然，教育的机智更多的还是体现在解决学习的具体问题上。切中肯綮的发问，恰到好处的点拨，不仅可使学生茅塞顿开，也能产生一种审美的满足，产生一种难以言喻的美感。有这样一个生动的例子：历史课堂上，一个调皮的男生坐在凳子上不老实，让四只脚的凳子一只脚着地支撑着一个人的重量，男生不停地摆动身体调节力量的平衡……正在讲课的王老师一边观察各小组的讨论情况，一边从后面慢慢靠近，然后

①乌申斯基：《人是教育的对象》，第27页，人民教育出版社，1980年版。

左手越过他的肩膀，往后一拨，微妙的平衡瞬时土崩瓦解，他的身体随势向后倾倒，就在这突如其来的变化中，在这凳子落而未落的时候，王老师的右手又在他的背部一托，让他又恢复到了平衡状态，让这个同学体验了一回惊险而又刺激的"游戏"。同样是学生"晃凳子"这件事，如果处理不当，劈头盖脸训斥一番，从维护课堂秩序的角度看，一般也会奏效，但是体现出来的教育智慧则有天壤之别。王老师在一"拨"一"托"之间，看似捉弄了那个同学一下，其实，不仅批评、关心、爱护都在其中，而且体现出一种教育机智，可能其他同学都不知道发生了什么，而当事人却会刻骨铭心，估计再也不会这么做了。这可算是一个教育机智的经典个案。

教育机智为什么产生美？因为这种机智体现了教师为了处理某个问题时高度的理智感、责任感、道德感以及智慧，而学生也会感受到来自教师的温暖和爱，欣赏教师迸发出来的智慧之火花，进而在心中漾起一种美的情感。因此，教育机智之美是一种智慧之美。教育机智与"小聪明"无缘，它需要的是丰富的教学经验、敏锐的观察力以及对学生高度的责任感和真挚的爱。

3. 风格的美

在教学上能形成自己的风格是教师成熟的标志。"风格即人"。教学风格贯穿于教学的全过程。不仅"因于内"——体现在教学思想、教学方法上；而且"符于外"——风度、谈吐、举手投足都带有各自的特征。教学风格因教师的学识、修养、性格、气质、兴趣的不同而不同。不同的风格，给学生以不同的美感。或凝重严谨，或轻松活泼；或循循善诱，或烛幽探微；或以逻辑严密取胜，或以感情充沛见长……记得于漪老师在一篇文章中谈到，她毕业多年的一位学生在去看望她时，还热泪盈眶地提起当年听于漪老师讲《正气歌》时的情景。我想，这与于漪老师那"以情感人"的教学风格该有着密切关系吧！

教学风格的形成，需要教师的刻苦努力。也正因为此，它为教师的创造性劳动提供了广阔的天地，有志气的教师应该在这一领域中大显身手，这对于学生文化素养、美学素养的提高，乃至于对我们民族性格的丰富都有重要的意义。

4.人格的美

如同本文开头所论及，谈论教师的审美价值，我们应该特别重视对教师人格美的研究。

徐特立先生曾用"经师"和"人师"区别两种人格的教师，指出我们的教学要两者合二为一，即既要成为教科学知识的"经师"，也要成为教学生做人的"人师"[①]。这里已经明确地提到教师的人格问题。苏联教育科学博士、莫斯科大学讲师 A. B. 佐西莫夫斯基著文认为："在教育文献中，利用教师自身的道德经验作为建立学生道德信念的辅助手段这一问题，完全被忽略了。毫无疑问，教师的道德面貌，不管他的主观意图如何，在经常地影响着学生。"[②]苏联的另一位教育家乌申斯基也指出："不管教育者或教师如何把他的最深刻的道德信念隐藏得怎样深，而只要这些信念在他内心存在着，那么，这些信念也可能表现在加在儿童身上的那些影响上，……并且这些信念愈是隐蔽，则它们的影响作用愈是有力。"[③]这就启示我们，教师要充分考虑到自身人格对学生的影响，并作为教育和熏陶学生的一种手段。

教师的美的人格就是要具有高尚的师德。它具体体现在对知识、对事业、对日常生活的态度上。对知识要有严谨的学风、一丝不苟的态度；对事业要有执著追求、顽强进取的精神；日常生活中的一言一行都要注意对学生的影响。教师的人格也体现在对教学内容的道德评价上，对真、善、美的由衷景仰，对假、丑、恶的愤怒鞭笞，都可折射出人格美的光辉，给学生以强烈的感染。于漪老师在教《最后一次的讲演》时，先介绍闻一多的《红烛》

---

① 中央教育科学研究所：《徐特立教育文集》，第 204—205 页，人民教育出版社，1979 年版。
② 引自《教育文摘》。
③ 乌申斯基：《人是教育的对象》，第 178 页，人民教育出版社，1980 年版。

序诗——"请将你的脂膏，不息地流向人间，培出慰藉的花儿，结成快乐的果子"；接着又出示《闻一多传》，将该书的封面图案——绿色大理石的花纹，正中央一支醒目的红烛，与《红烛》序诗对照讲解，指出该诗乃闻一多先生所作，也是先生的自我写照①。这是教者借助诗与图案从感情上敲击学生的心弦，同时，这不也是教育者对闻一多景仰之情的自然流露吗？学生既被闻一多慷慨献身的红烛精神所感动，也会被老师的眷眷深情及由此体现出来的高尚人格所感染。

人格的美是最有力量的美，它对人的心灵辐射力最强。教师是学生人生路上除父母外最早的老师。教师的人格之光对学生心灵的烛照是深刻且久远的，它不仅对学生在校时的健康成长有直接的感染作用，有的甚至可以影响学生今后的人生道路。优秀的教师应该成为学生人生道路上的导师和楷模。鲁迅先生留学日本时的老师藤野先生就是一个光辉的典范。藤野先生纯真的品质、博大的胸襟曾经给身在异国的鲁迅极大的温暖，使得鲁迅在回国20多年以后，还深深地怀念着老师，且把他作为鞭策自己奋斗的力量源泉。这正是人格美的巨大魅力！

关于教师人格的重要意义，苏霍姆林斯基曾经有过精彩论述："教师的人格是进行教育的基石。教师工作中的一切内容，即观点、信念、理想、世界观、兴趣、爱好等，都在教师的人格这个焦点上聚集起来。社会上各种政治的、道德的、审美的思想和真理的观念，都会在教师身上间接地反映出来，而所有这一切，又都将通过教师的个人世界在学生身上反映出来，并在学生身上得到更高基础的再现。教师应当在他的学生身上再现的最主要的东西是他的理想。"苏霍姆林斯基认为，教师人格的内涵，更重要的是培养对真理的态度："如果学生对真理没有鲜明的态度（或者更确切地说，只有冷漠的态度），那么他就不可能真正受到教育，而只能成为书呆子。知识在他意识的表面滑过去，并没有进入他的心灵。"而学生对真理的态度，在很大程

---

① 教育部师范教育司：《全国特级教师经验选》（一），第29页，人民教育出版社，1981年版。

度上取决于教师对真理的态度。苏霍姆林斯基还十分重视师生交往，在师生的共同活动中让学生受到教师人格之光的烛照；对于师生交往的要义，苏霍姆林斯基站在一个比较高的制高点上。"教师做学生的朋友。这意思并不只是跟他们一起到树林里去，坐在篝火旁吃烤土豆。那只是教育者跟学生的最简单的接触。如果教师身上找不到别的更丰富的东西，那么光靠一起吃土豆是办不了大事的。因为学生特别是少年很快就会警觉你的意图是虚假的。而友谊应当是牢固的基础，我指的是首先是思想上和智力活动上的广泛的共同兴趣。"他认为，师生交往，教师身上应该有一种能吸引学生的东西，能在思想、智力活动上和学生产生广泛的共同兴趣，而不是为活动而活动，也不是简单地带领学生去活动，教师应该投身活动之中。

需要强调的是，在教师的诸多审美因素中，人格的美乃是其他种类美的根本所在。没有美的人格，其他的美就是无本之木，无源之水。只有具备高尚人格的教师，才会想方设法调动一切手段，创造具体、鲜明的美的形象，去为教育教学服务。一位优秀教师在上完一堂观摩课后，回答一位提问者说："这一节课我准备了整个一生，而且一般地说，对每堂课我都用了一生的时间来准备。"[①] 这话并不言过其实。所谓"一生"，既指一生积累的教学经验，更指一生的人生经验。教师是要用全部身心去创造教学艺术的。一位作家说过，他是蘸着自己的血肉去写作。我们也完全可以说，优秀的教学也是蘸着自己的血肉去教学。唯有这样，教师的劳动才能显得无比的美，成为像某位西方教育家说的"是太阳底下最光辉的职业"。

教育，从来就与荣华富贵无缘；教师，从来就是与艰辛和困难相伴的一个行当。可是，古今中外，仍然有着一群又一群人执著于此，孜孜矻矻，不离不弃，焚膏继晷，不厌不倦。这到底是为什么？他们又是到底为了什么？养家糊口，这样说固然没错，但应该只是一种皮相之说，无疑矮化了他们工作的意义和心底情结；薪火相传，这样说肯定也没错，但应该只是一种客观

---

① 李耀国 李锦兰：《学生心理与教育》，第 234 页，山西人民出版社，1984 年版。

的效果和评价，未必是对他们职业秘密的合理揭橥和中肯诠释。也许，平平淡淡的教学生活中自有一种特别的乐趣萦绕心怀，让你欲罢不能。

孔子说："道不行，乘桴浮于海。"那"海"是什么？我们看到的不是地理学意义上的"海外"或者"海上"，合理的解释可能只是一个比喻，真正能够安放躁动心魂的，只是泰山脚下大树参天浓荫蔽日的一方"杏坛"，从此，"一箪食，一瓢饮，在陋巷。人不堪其忧，回也不改其乐……"从此，在深山，在江畔，在渔乡，在远离庙堂的神州处处，"杏坛"薪火不灭。孟子说，人生有三乐，其中一乐便是"得天下英才而教之"，是不是天下英才姑且不论，对于教书育人之乐趣应该是说到极处了。于是，不禁想问：教师，究竟意味着什么？为什么那三尺讲坛两支粉笔一方黑板，就可以让那些原本热血沸腾气冲斗牛的心归于平静，而且兴味益然乐此不疲？由此衍生出来的问题还有，教育怎样才能富有智慧和魅力，成为孟子所说的人生三乐之一？面对繁重琐碎的教育教学劳动，教师怎样克服职业倦怠？怎样在工作中创造和体验成功的快乐？应该怎样让学生在教育生活中健康成长，享受幸福？这林林总总的问题，相信行走在教育旅途中的人，都无法绕过。我们有过太多的教育教学文献，但实事求是地说，关于教育劳动最重要的主体——教师自身，却研究得非常不够。因此，我们的教育学总是显得那样的苍白。是到了认真研究和审视教师自身的时候了。

教师劳动的美感体验

1920 年代开始，梁启超曾在北京大学、北京师范大学和南京东南大学讲学，并任清华国学研究院导师，成为左有王国维、右有陈寅恪的清华国学研究院"四大导师"之一，一时风云际会，蔚为杏坛壮观。令人难以置信的是，曾在政坛和文坛呼风唤雨的梁任公，在教坛也仍然不失当年风采。

且看学生笔下的先生梁启超的风采——

先生博闻强记，在笔写的讲稿之外，随时引证许多作品，大部分他都能背诵得出。有时候，他背诵到酣畅处，忽然记不起下文，他便用手指敲打他的秃头，敲几下之后，记忆力便又畅通，成本大套地背诵下去了。他敲头的时候，我们屏息以待，他记起来的时候，我们也跟着他欢喜。先生的讲演，到紧张处，便成为表演。他真是手之舞之足之蹈之，有时掩面，有时顿足，有时狂笑，有时叹息……

他讲得认真吃力，渴了便喝一口开水，掏出大块毛巾揩脸上的汗，不时地呼唤他坐在前排的儿子："思成，黑板擦擦！"梁思成便跳上台去把黑板擦干净。每次钟响，他讲不完，总要拖几分钟，然后他于掌声雷动中大摇大摆地徐徐步出教室。听众守在座位上，没有一个人敢先离席。

一位意气风发，激情澎湃的教师形象栩栩如生。看得出来，晚年梁启超是颇为醉心于他的粉笔生涯的！风云飞度，沧海桑田。走上讲台的梁启超非但没有丝毫人生失意之态，相反，书生本色未改，大师气象已成。清华讲坛，俨然成为梁启超寻觅已久的"英雄用武之地"。这在今天许多视名利为人生要义、官阶为人生价值的人看来，简直不可思议。然而，梁启超超然灿然坦然恬然，一派自得其乐的样子。那么，是什么使这位一生奔波于世务的社会活动家此时息影校园且甘之如饴的呢？我的解读是：在教师劳动的过程中，任公先生收获了欣欣和快乐。而这种从教育教学劳动获得的欣欣和快乐，即教师劳动的美感体验。

美感有狭义、广义之分。广义的美感指的是审美主体反映美的各种意识形式，包括审美感受，以及在审美感受基础上形成的审美趣味、审美观念、审美理想。狭义的美感指的是审美主体对于客观存在的审美对象所引起的具体感受。这里讨论的美感，指的是狭义的美感。教学过程也是一个艺术创造和欣赏的过程。在这一过程中，教师既是客体，又是主体。作为客体，教师劳动具有丰富的审美价值；作为主体，教师也应该而且能够获得巨大的审美满足。能否获得这种审美满足以及这种审美满足的程度如何，是衡量教师工作成败的一个重要尺度。

教师的美感体验主要来自两个方面：

（1）对自身成功的教学艺术的体验。

成功的教学活动无不是充满创造的过程。创造过程即充满审美愉悦的过程，因为在创造过程中，必然是创造主体的本质力量得到实现，即"人的本质力量的对象化"。在这实现本质力量的过程中，创造主体自身一定也会获得巨大的精神上的满足，从而获得美感。作家、艺术家、科学家之所以能在艰苦的劳动中孜孜不倦、含辛茹苦而自得其乐，其中固然有强烈的社会责任感在促其奋斗，同时也因为创造过程充满巨大的创造喜悦，可以获得强烈的审美满足。正如一位著名作家所说，在创造实践之前，有"一种欲言又止的犹豫与不吐不快的压迫感"，而当创造实践开始时，"每一处成功都鼓舞你进一步努力，发展和深入你的创造，而且精益求精"。文学创作如此，教师的劳动也是如此。这种创造从备课即已开始，教师会因为自己对文章思路的一个发现、对习题解法的一个创新、为一个新鲜的思想或一个新颖的板书而激动不已跃跃欲试。在课堂教学中，审美满足则较之备课时更为巨大和强烈，因为备课时仅仅因想象、设想而满足，而此时则付诸实施并将获得成功。同时，由于教师面对的是个性不同、性格各异的学生，因而教学过程常常充满创造的契机，这正是教师充分发挥其教育机智的地方。教师一个巧妙的回答、一个机智的譬喻、一个幽默的动作都可使平静的课堂出现"乍惊破一池春水"的波澜，此时，教师心中难以言喻的愉悦是非个中人难以体会的。常常发现，当教师上完一堂成功的课时，脸上会挂着满足的微笑，呈现比平时生动许多的表情。这便是审美体验带来的满足。艺术创造学认为，当创造主体"把自己的印象和感觉抓住而且表现出来时，心中都有一种光辉焕发"。无疑，当教师的教学获得成功时，心中是会焕发出"光辉"的。

当然，在教师的劳动中，并不是每次都能获得审美满足，也常常产生"山重水复疑无路"的焦虑和无可奈何的痛苦。这种焦虑和痛苦一般不是知识缺乏所致，而是教学设计即教学创造过程中由于方法上的障碍或称"无序状态"形成的。但是，也正因为这种焦虑和痛苦，"刺激你激励你去推翻它们，挽救它们，重新塑造它们"，从而使你通过一番殚精竭虑的努力，获得"柳暗花明"的审美愉悦。

（2）对教学劳动成果的欣赏。

别具匠心的创造，必然开出赏心悦目的花朵，结出甜美的果实。欣赏这些花朵，品尝这些果实，也会给教师带来审美满足。

教师劳动创造的成果，可分静态的和动态的两种。

静态的成果即是指由教师劳动创造出来的物化的产品。（其中也渗透着学生的心血，限于题旨，此略。）它主要体现为学生的作业。一道演算正确、推理严密的习题，一篇立意新颖、文笔流畅的习作，一幅制作、一张绘画，都可给教师带来愉悦。教师的劳动成果更多的是动态的，它首先体现为课堂上师生合作创造出来的和谐热烈的教学气氛。学生们或凝神思考，或踊跃质辩，这种氛围和情境，在教师的心中常常会激起兴奋的涟漪。同时，学生本身也可说是动态的劳动成果，教师的作品"就是教学理想溶入学生生活，就是男女孩子们增强了对文学的敏感，就是少年们增进了对自我和伙伴的认识，就是青年们发展了判断力和思考力"。在校时，教师用自己的知识更用人生的经验去雕塑学生的心灵，去引导学生的人生之路，付出了大量的心血，换来的是误入歧途的学生重返正路，是掉队的孤雁重新入群……毕业后，学生给老师的一个美好的祝福，一声真诚的问候，一张立功喜报，一项发明成果，一个精致的贺年卡，都可使老师像面对金色稻谷的老农一样，心中漾满丰收的喜悦。这是因为教师看到了自己的心血，感受到了自己的"本质力量"，因而产生了美感。

对教师美感体验的意义，人们的认识是不足的，因而可供参考的研究资料几乎没有。本文试提出以下几点。

（1）教师的美感体验可以激发教师的劳动热情。

凯洛夫说过："感情有着极大的鼓舞力量，因此，它是一切道德行为的重要前提，谁要是没有强烈的感情，他就不会有强烈的志向，也就不能够把这个志向体现于事业中。"美感作为一种高级的情绪体验，在艺术劳动中是一种十分重要的动力因素。首先，它使教师情绪饱满、精神振奋，"把主体内在诸因素全调动起来，并促使主体付诸行动"。可以想见，当教师因自己的教学设计激动，被热烈的情绪氛围感染，教师必然受到激励和鼓舞，从而拿出更大的热情投入教学创造。其次，它可促进理性认识的深化。美感具有锐化人的感觉的作用，它可以促进主体更深入地去认识那使自己动情的客体，不仅满足自己的认识需要，而且可以活跃思路，启迪思想，教师在课堂上常常受教学氛围的启发，一语中的，切中肯綮，从而突破原有的教学设计，这便是美感的作用。再次，美感可在一定程度上减轻疲倦。教师的劳动是一项繁重、琐碎、体力精神双重消耗的劳动，其间充满来自教学和课外活动中的种种矛盾、苦恼，以及由于劳动的简单重复而产生的厌倦情绪，教师的美感体验可以使他们的劳动充满快乐，品尝到劳动的乐趣，而不会像劳役那样痛苦。"只有在高质量的劳动中和创造性的探索中，只有在体验到教育劳动的成绩的情况下，才能够感受到教育劳动的乐趣。"这种乐趣可以在一定程度上克服种种矛盾、苦恼和厌倦情绪。否则，则易产生消极、沮丧的心理，降低劳动的热情。

（2）教师的美感体验还可以活跃课堂气氛，刺激学生的学习动机。

心理学认为，情绪具有互感性。教师的情绪体验必然会感染学生。当教师的内心深处充满创造或欣赏的愉悦时，体现出来的外部表情往往是和颜悦色、满面春风；语调也常常是亲切温和、侃侃有致；动作必然是温文尔雅、和谐默契，有时还来一点小小的幽默之类的即兴创造。此时，学生也会受教师情绪的感染，气氛活跃，反应敏捷，注意力集中，智力活动趋于高峰，这样的气氛是最好的教学气氛。正是在这样的气氛中，知识的甘露才容易渗进学生的心田，因为学生对知识的掌握，"与其说是靠多次的重复，不如说是靠理解，靠内部的诱因，靠学生的情绪状态而达到的"。教师的积极情绪使学生如沐春风，而教师的消极情绪则必然窒息课堂生机，影响学生的智力活动，导致教学的失败。

美感体验与职业幸福

教师的美感体验是在内心深处引起的激动，是一种深层次的情感体验，教师的幸福往往在此时方可体味。但是，并不是每一位教师都能产生这样的体验，即使是优秀的教师也不是每一次劳动都能获得成功的喜悦。这里有一个重要的前提，就是教师的劳动必须是创造性的。教师只有把自己的劳动当作艺术创造的过程，必须在教学中创造出教学艺术的美来，才能获得审美体验。因此，研究教师的美感体验，不能不探讨教师劳动的创造性特点。

教师的劳动能否成为创造的过程，一般地说，要受制于两个因素：一是高度的责任心，一是创造的禀赋、才能。具有高度的责任感和事业心，才会呕心沥血、殚精竭虑地投入创造，这"台上十分钟，台下一生功"可以说是所有优秀教师的共同特点。但问题还不止于此，那就是优秀的教师还必须具有创造的禀赋、才能。一个教师可能也是勤勤恳恳，兢兢业业，但只是当了一辈子"教书匠"，无创造可言，与艺术无关。

应该承认，长期以来，我们对教师主体素质的研究是不够的。忽视教师的主体素质研究，必然导致主体素质的匮乏，而主体素质的匮乏必然弱化教师的创造能力，审美创造能力的萎缩也必然影响教师的美感体验。教师若长期缺乏成功的美感体验，则必然降低劳动热情，增加受挫体验，这无论是对教师自己还是对教育事业，都是十分不利的。本文开头写到的梁启超先生，应该就是那种既深刻明白工作的意义和价值，又能从教学工作中寻觅无穷乐趣，充分认识到教师劳动美感体验的一类人。梁启超认为，做教师是一件乐趣无穷的事。乐趣之一是看着新生命的成长，日新月异，如同看着花卉的发芽、长叶、含蕾、开花一样，这是生命之乐。乐趣之二是可以得到情感回报，你有多少情感给他，他自然有多少情感还你，只有加多，断无减少，这是情感之乐。乐趣之三便是教学合一，工作和学习合二为一，在教诲学生的同时，自己也得到了提高，这是学习之乐。且看他在演讲《教育家的自家田地》中的夫子之道——

　　教育家特别便宜处，第一，快乐就藏在职业的本身，不必等到做完职业之后找别的事消遣才有快乐，所以能继续。第二，这种快乐任凭你尽量享用不会生出后患，所以能彻底。第三，拿被教育人的快乐来助成自己的快乐，所以能圆满。乐哉教育！乐哉教育！

　　教师职业和其他职业最大的不同，是乐趣就在职业本身，而不必再去另寻乐趣。在《趣味教育与教育趣味》一文中，梁启超也说过类似的话，他说，教育本就是一件趣味无穷的事，之所以人们认为教育没有趣味，是因为有人摧残了教育的趣味。从学生的方面说，要进行趣味教育，教师就要让学生领会到学习的乐趣，不能摧残学生学习趣味。梁启超认为摧残教育趣味的原因有三条："头一件是注射式的教育。第二件是课目太多。第三件是拿教育的事项当手段。"教法不当，让学生没有学习积极性；学业负担太重，自然也少了趣味；教育观念有误，拿教育当功名利禄的"敲门砖"，那也丧失了教育趣味。要让学生体会趣味教育，教师自然要有教育趣味。教育趣味在哪？就在"学而不厌"和"诲人不倦"。梁启超说："人生在世数十年，干什么事都不能无烦恼，独有好学和好诲人。若真能在这里得了趣味，还会厌吗？还会倦吗？孔子说：'知之者不如好之者，好之者不如乐之者。'诸君都是在教育界立身的人。我希望能从教育的可好可乐之点上确实体验。那么，不唯诸君本身得无限受用，我们全教育界也增加许多活气了。"

　　梁启超说这番话的时候，是在大约100年前。一个世纪之后的今天，我们的教育面貌翻天覆地，可我们教师的职业倦怠却似乎绕了一个圈又回到当年，摧残学生的学习趣味，从而也让教师自己对职业索然无味的现象屡见不鲜。课堂缺乏生机，学生负担过重，学业成为功名利禄的"敲门砖"，三条一样不少。历史老人的蹒跚步履，真的是格外艰难啊，哪怕是向前一小步，也要付出极大的代价。

经典话语

教师必须具备对美的精细的感觉

你将在自己整个的教育生涯中当一名教育者，而教育，如果没有美，没有艺术，那是不可思议的。如果你会演奏某一种乐器，那么你作为一个教育者就占有许多优势；如果你身上还有一点哪怕是很小的音乐天才的火花，那么你在教育上就是国王，就是主宰者，因为音乐能使师生的心灵亲近起来，能使学生心灵中最隐秘的角落都展现在教育者的面前。如果你不会任何乐器，那么在你的手上和心里就应当有另一种对人的心灵施加影响的强有力的手段——这个手段就是文艺。根据你所教的儿童的年龄情况，你每年买上几十本文艺书，它们能帮助你找到通往你的学生心灵的道路。不要忘记，你的学生所读过的文艺作品，是用他的求知的智慧和敏感的心灵来感知的，这一点往往能起到教师力不能及的作用，好比只要给道德的天秤盘里加上一个小砝码，就能使它向着你所需要的方向倾斜过去。在你选择自己的藏书时需要记住的最主要的一点，就是你推荐给学生阅读的书籍，要能教给他们怎样生活。书里的英雄人物的形象，要能够吸引和鼓舞你的学生，在他的心里树立起一种信念：人是伟大而有力的……每当我在书店里为自己的藏书挑选教育性的书籍时，我总是竭力思考，每一本书给我的哪一个学生阅读最为适合。

请你记住，教育——这首先是关心备至地、深思熟虑地、小心翼翼地去触及年轻的心灵。要掌握这一门艺术，就必须多读书、多思考。你读过的每一本书，都应当好比是你的教育车间里增添了一件新的精致的工具。

教育者还必须具备一种对美的精细的感觉。你必须热爱美、创造美和维护美（包括自然界的美和你的学生的内心美）。要知道，如果你自己喜爱栽种和培植果树，如果你自己喜爱在亲手栽培的繁花盛开的果树间来到蜂房跟前，倾听那蜜蜂的嗡嗡的鸣声，那么，你就找到了一条通往人的心灵的捷径——这就是在创造美的劳动中跟人的精神上的交往。

（选自苏霍姆林斯基《给教师的建议》，教育科学出版社，1984年版）

教师工作的才能和乐趣从哪儿来

正如任何一种有专长、有目标、有计划的经常性工作一样，教育人是一种职业，一种专长。但这是一种特殊的、和其他任何工作都无法相比的职业，它具有一系列特点：

（1）我们是和生活中最复杂、最珍贵的无价之宝，也就是人在打交道。他的生活、健康、智慧、性格、意志、公民表现和精神面貌，他在生活中的地位和作用，他的幸福都决定于我们，决定于我们的能力、水平、工作艺术和智慧。

（2）教育工作的最后结果如何，不是今天或明天就能看到，而是需要经过很长时间才见分晓的。你所做的、所说的和使儿童接受的一切，有时要过五年、十年才能显示出来。

（3）许多人和生活现象影响着儿童，对他起作用的有母亲、父亲、同学、所谓"街头伙伴"、读过的书和看过的电影（而关于这些你是不知道的），以及和能有力地影响年青心灵的人进行的完全料想不到的会见等等。对儿童影响可能是积极的，也可能是消极的。有的家庭里有一种沉重压抑的气氛，对人们的一生打下了不可磨灭的烙印。亲爱的同行，学校的使命，咱们最重要的任务，就在于为人而斗争，克服消极的影响，使积极的影响发挥作用。为此，必须做到使教师的个性对学生的个性施加最鲜明、有效和有益的影响。皮萨列夫写道："人的本性是如此丰富、有力而富有弹性，它能处在最坏的环境中而保持自己的鲜艳和美丽。"这时，只有当儿童有一个聪明、能干、有智慧的教育者，人的本性才能得到最充分的显示。

（4）我们工作的对象是正在形成中的修改的最细腻的精神生活领域，即智慧、感情、意志、信念、自我意识。这些领域也只能用同样的东西，即智慧、感情、意志、信念、自我意识去施加影响。我们作用于学生精神世界的最重要的工具是教师的语言、周围世界的美和艺术的美，以及创造最能鲜明地表现感情的环境，也就是人类关系中的整个情绪领域。

（5）教师的创造性的最重要特征之一是他工作的对象——儿童——经常在变化，永远是新的，今天同昨天就不一样。我们的工作是培养人，这就使我们担负着一种无可比拟的特殊责任。

以上这些就是教育工作的特点，这方面的才能是什么？需要哪些客观条件？如何培养、确定、发展和磨炼这种才能？

任何人都有一种根深蒂固、改变不了的精神需要，这就是要与人们交往，在交往中，他能找到生活的乐趣和充实自己的生活。但是，在有些人身上，由于各种原因，这种需要发展得很差，而在另一些人身上，它却似乎成了性格中压倒其他特点的特征。有些人，如俗话所说，"本性"孤僻、不爱交际、沉默寡言、更多地愿意独处或与少数朋友交往（当然，"本性"在这里毫无关系，起**决定性作用的是教育，特别是幼年时期的教育**）。如果和人多的集体交往使你头痛，如果你感到工作时独自一人或两三个朋友一起比和一大批人在一起好，那就不要选择教师工作作为自己的职业。

教师的职业就是要研究人，长期不断地深入人的复杂的精神世界。在人的身上经常能发现新的东西，对新的东西感到惊奇，能看到形成过程中的人——这种出色的特点就是滋养着教育工作才能的一个根子。我深信，这个根子在人身上是童年和少年时期形成的，是在家庭和学校中形成的。它形成于父母和教师这些长者的关怀，他们用热爱人、尊敬人的精神教育儿童。

（选自苏霍姆林斯基：《给教师的建议》，教育科学出版社，1984年版）

第二讲　教学之美

教学情绪

在中外著名教育家中，苏霍姆林斯基是最值得我们中小学教师关注的对象之一。他的教育理论不是概念的推演和逻辑的论证，而是来自自己丰富鲜活的教育教学实践，来自对一个个亲力亲为的教育故事的感悟，因此，他的著作读来觉得分外亲切。之所以如此，应该得益于苏霍姆林斯基在巴甫雷什中学几十年如一日的教育教学实践。给我印象特别深的，是苏霍姆林斯基讲述的一位教师提前退休的故事——

> 我记得一次隆重的晚会，欢送一位教师退休。邀请我参加这个晚会的女教师还相当年轻，她从二十岁开始工作，到退休也不过四十五岁。为什么阿娜斯塔西娅·格里哥里也夫娜要退休呢？大家都不理解。奇怪的是，这位女教师连多工作一天都不愿意，恰好当她在学校工作满二十五年的那天离开工作。阿娜斯塔西娅·格里哥里也夫娜本人对我们这些当时还年轻的教师作了告别讲话，消除了所有的疑问。她说："亲爱的朋友们，我离开是因为学校工作不是我喜爱的事业。我在这个工作中得不到满足，它没有给我任何乐趣。这是不幸，是我生活中的悲剧。每天都盼望着课快些结束，喧哗声快些消失，可以一人独处。你们感到惊讶，一个四十五岁的妇女就离开了工作，而她的健康还很好。不，我的健康不好，已经受了内伤。受内伤是因为，工作没有给我乐趣。我的

心脏病很重。劝告你们，年轻人，自己检验一下，如果工作没有给你们乐趣，那就离开学校，在生活中正确地判断自己，找一个心爱的职业。否则，工作时期你们将会感到痛苦。"

苏霍姆林斯基笔下的这位教师，一位在工作中没有找到乐趣，才四十五岁就离开了工作岗位，这给当时还是青年教师的苏霍姆林斯基很大的震撼。这个故事的确提出了一个十分重要的问题，就是教师的工作情绪问题。影响教师工作情绪的因素很多，有教学工作本身的，如课堂教学成败与否；也有教学工作之外的，譬如同事、师生之间的人际关系等等。课堂是教师劳动最重要的一亩三分地。这片土地耕种不好，你的工作将颗粒无收。因此，本文特别选择课堂教学情绪问题，做一粗线条的匆匆巡礼。

教学过程是充满创造性的艺术创造过程，美的教学情绪与成功的教学艺术同在。换言之，只有以积极的教学情绪贯穿于教学的全过程，才能取得教学活动的成功。因此，教学情绪可以作为衡量教学的一个重要标准。

情绪，一般地说，包括三个方面的内容：（1）主观体验形式（如喜、怒、悲、惧等感情色彩）；（2）外部表现形式（如面部表情等）；（3）独立的生理基础（如皮层下等部位的特定活动）。[1]本文所说的情绪，主要指的是外部表现意义上的情绪，即指教师在教学教育过程中，从身体上外现出来的各种表情。按照美国心理学家斯托曼的解释，这种表情包含表现在"身体姿态上的姿态表情"，表现在"语声上的语声表情"和表现在"面部上的面部表情"。[2]这些表情作为教学辅助手段，是师生之间进行情感交流的重要手段，教师的表情便是学生的认识客体，因而是具有丰富的审美价值的。

面部表情表现情绪的作用最为突出，因而人们的认识比较清楚。人们常说，"笑脸含春"、"春风满面"，的确，亲切、和蔼的面部表情是可以给

---

[1] K.T. 斯托曼：《情绪心理学》，第396页，辽宁人民出版社，1987年版。
[2] K.T. 斯托曼：《情绪心理学》，第399页，辽宁人民出版社，1987年版。

人以美感的。对于教师，培养美的面部表情十分重要，它对培养学生的学习情绪有着极大的作用。教师春风满面，学生就心情轻松；教师冷如冰霜，学生的心灵之门就会紧闭，智慧的火花也就难以迸发。当然，美的面部表情并不是要教师一味地强装笑脸，相反，它要求表情因具体情境的不同而变化。

容易忽略的是姿态表情和语声表情。听觉是学生的高级审美感官之一，语调是表达情绪的一个重要手段。教师的语调要谦逊、温和、抑扬顿挫。语调过高，响而不柔，容易使人厌倦；语调过低，低而无力，也会使人昏昏欲睡。语声表情也应注意变化，力避单一、呆板，像马卡连柯说的，"学会用十五种至二十种声调来说'到这里来'，学会在脸色、姿态和声音的运用上能作出二十种风格韵调"①，这才是一个真正有技巧的教师。

姿态表情指的是教师在教学过程中的举手投足，这是最容易被忽略的情绪。陈望道在《修辞学发凡》中曾提出态势语的概念，态势语也叫体态语言。陈先生认为体态语言就是用态势动作来交流思想的语言。体态语言能够交流思想，当然也能传达情绪。譬如一个有力的手势，一个轻轻的颔首，一个抚摸的动作，均可传达出丰富而复杂的情绪，有时在表达含蓄、朦胧的情绪时，甚至起着口头语言无法起到的作用。魏巍在《我的老师》一文中曾记述这样一件事：

> 有一次，蔡老师的教鞭好像要落下来，我用石板轻轻一迎，教鞭轻轻地敲在石板边上，大伙笑了，她也笑了。我用儿童的狡猾的眼光察觉，她爱我们，并没有存心打我的意思。

学生从老师的假动作中，感受到教师满腔热情的爱。蔡老师那轻轻的一敲，便是一种动作表情。

---

① 马卡连柯：《论共产主义教育》，第443页，人民教育出版社，1979年版。

教学情绪之美，至少受下列四个因素的制约：

（1）和谐。美的事物都是和谐的，情绪的美也不例外。情绪的和谐包括多方面的含义。首先是指教学情绪和教学内容的和谐。例如分析《祝福》《窦娥冤》，教师应该充分运用各种表情，传达出悲剧的气氛；教学《最后一次讲演》《梅岭三章》，教师则应传达出凛然正气；而如果教学《威尼斯商人》《竞选州长》，那情绪则又应有所不同。只有这样，才能充分发挥教材中的情感因素，收到熔知识传授、情感熏陶为一炉的高效益。其次，教学情绪也要与教学气氛和谐。例如，当学生在潜心思考问题时，教师的情绪也应冷静，不能破坏这宁静的气氛；而当学生讨论问题气氛热烈时，教师的情绪也要相应地热烈一些，给学生以鼓励，对于回答不对的同学也要注意保护其积极性，委婉地指出其不足，尽量发现其中合理的成分，如果此时教师过分冷静也会破坏这种热烈的气氛。情绪的和谐还指情绪表现要有"度"。教师的教学情绪不同于演员的演戏情绪。演员演戏，悲痛可以流泪，兴奋可以狂呼，而教师不行。如果说演员的情绪可以像瀑布一样湍急，那么教师的教学情绪则更像溪流，舒缓、自然，虽然也有微波浅浪。

（2）真诚。外国心理学家彼得斯认为："如果一个教育者关心知识和追求真理，那么他显然是关心真诚或真实。如果人们在其情绪上是不真实的，不表里如一的，那么对他来说就是含糊不清的"[1]。所谓真诚，就是能憎、能爱、能喜、能怒，只要这种情绪对教育教学有利。在这个意义上，教师又应入"戏"，教师只有入"戏"——爆发真诚的情绪，才能叩开学生的心灵之门。真诚的情绪也表现在对学生学习行为的评价上。如上海陈钟梁老师倡导的"合作教学法"在评价学生的学习行为时，强调情感评价，淡化分数意识。他对学生作文的评语超出了对文章本身的评论，而是用一颗真诚的心去爱抚学生，使学生感受到真诚的爱。真诚的情绪还体现在对学生日常生活行为的评价上。对学生的行为评价，也应大胆地流露感情，该褒则褒，该贬则贬。

---

① K.T. 斯托曼：《情绪心理学》，第 392 页，辽宁人民出版社，1987 年版。

教师用语言或者神情、动作对学生的好的行为予以鼓励，对学生的错误行为予以批评。极而言之，在特定情况下，譬如涉及品质问题，发怒也是情绪真挚的表现。真诚的情绪爆发产生特殊的效果，迸发出师德美的火花。此时的一味克制，倒不怎么符合教师道德。

真是美的生命。没有了真情，也就没有了美！

（3）理智。理智首先是指对与教学不协调的情绪的克制。心理学家认为："控制情绪的最好方法是用一种情绪控制另一种情绪。"[1]教师在教学中，就要学会控制与教学无关的情绪，而调动起积极的、与教学内容及气氛一致的情绪。苏联教育家赞科夫在谈到教师情绪的自制时，曾引用了著名导演斯坦尼斯拉夫斯基的一段话："当一个人回到家里的时候，他得把套鞋脱下留在室外的过道里；当演员来到剧院的时候，他也应当把自己个人的一切不快和痛苦留在剧院之外，在这里，在剧院里，他整个人是属于艺术的。"赞科夫接着谈到："教师也应当这样：来到学校里，他整个的人就是属于儿童，属于儿童的教学和教育事业的。"[2]是的，教师也是人，生活中也有喜怒哀乐，人生的种种酸甜苦辣教师都有，但是教师的职业又要求教师在走进课堂后，必须把所有的不利于教学的情绪像"脱套鞋"一样放在屋外，这样，才能全身心地属于教学，属于学生。理智的情绪还表现在课堂上对不利因素的引导。教学过程是一项复杂的脑力劳动，有时课堂上出现一些不利于教学的意外情况，也需要教师有高度的自制能力，因势利导，否则也会影响教学的效果。抑制与教学无关的和不利的情绪，才可能产生与教学内容、气氛一致的情绪，而只有这种情绪，才是美的情绪。因此，教师的理智之堤必须高于情感的"水平线"。

（4）机智。批评需要教育机智，这方面的例子很多就不举了；其实表扬也同样如此。曾在博客上读过一位优秀青年语文教师的故事。有一次，这位

---

① K.T. 斯托曼：《情绪心理学》，第393页，辽宁人民出版社，1987年版。

② 列·符·赞科夫：《和教师的谈话》，第246页，教育科学出版社，1980年版。

老师请一位女同学上黑板板演现代文阅读，女同学的字写得工工整整，答案简捷清晰，切中肯綮。老师在评讲的时候，心情非常愉快，对女同学进行了一番表扬，那位女同学似乎有点不好意思，羞红了脸。于是，这位老师脱口而出："同学们，你们有没有注意到，我们班的叶同学非常漂亮，真的，不是漂亮，是非常漂亮。"同学们忍不住哄堂大笑，说："老师啊，你才发现啊。"叶同学更加害羞了……老师笑着说："看来，你们还不是那么笨。"那节课一晃就过去了，可这位女同学的成绩却越来越好，当年考上了一所理想的大学。其实，这位老师运用的也是一种教育机智。表扬人的方式有很多种，可以表扬她的书写认真，一丝不苟；可以表扬她的回答内容严谨、妥帖；可以表扬她的用语准确、凝练等等。但在高三硝烟弥漫的课堂上，一个男教师真诚地赞叹一个女学生的美，的确可算是神来之笔，让大家精神为之一振，既活跃了课堂气氛，又激发出拼搏热情，鼓励了先进，更重要的，可能还是由衷地流露出教师对这位平时不显山不露水同学的欣赏。这种欣赏不仅一定会转化为该生奋发上进的动力，而且也顿时拉近了老师和全班同学的情感距离，成为同学们永远难忘的美好记忆。

以上四点仅是就教师个体在教学过程中的情绪调节而言。其实，影响情绪的因素很多。工作的顺逆、事业的成败、人际关系、生活环境、身体状况甚至自然景色，都可以成为引起某种情绪的原因。情绪与心境有关，愉快的平静的心境产生饱满热烈的情绪；忧郁、苦闷的心境产生低落、呆板的情绪。因此，在教师要注意培养良好心境的同时，政府及教育行政部门的领导应该在生活上多关心体贴教师，创造一个真正尊师重教的社会环境，这对于调节教师的情绪有着不可低估的作用。

心理学家利珀把人类的发展分为三个时代：第一个时代是人类学会解决生存问题的技术的时代；第二个时代是科学、技术和教育迅速前进的时代，这一时代是个人在为客观现实的事物而思考之中忘掉自己，这个时代的成果是强调消极情绪的动机，他提出，走出这个（令人不快）事态的道路是发展人类的第三个时代；第三个时代是社会以及它的教育者应当把注意力集中在细微的情绪反应上，并把任何活动——无论它可能多么简单——放置于积极的情绪基础上。[①]如果利珀的话是对的，那么，教学作为一项复杂的精神劳动，教师作为创造教学艺术的主体，研究教师在教学过程中的情绪美问题，就绝不是无足轻重的课题。

教学艺术与教学创造

多年前，为一篇有关教师创造性的研究论文搜集资料，我四处奔波，翻箱倒柜，试图找到一些可资参考的文献。可是，我失望了。除了一本日本学者恩田彰著的《创造性心理学——创造的理论和方法》，此外一无所获。而我的经验和直觉告诉我：不是所有人刻苦训练都能成为郎平或邓亚萍，不是所有人通过努力就能成为李双江或吴雁泽。行行出状元，行行也都有自己的职业标准和职业要求。那么，教师呢？除了教师职业道德要求的那些属于思想品质范畴的之外，教师职业还应该有自己特殊的要求、条件和特质吗？可惜，我们的教育学没有给出令人信服的回答。

教育学的这一缺失绝非小事。譬如，怎样的人适合从事教师职业？当然，并非绝对，但至少有一部分人可以因为这个标准不致入错行走错门。同时，已经加入教师行列的人，可以因为有了这个标准而主动调整积极修炼，向着一个优秀教师的方向努力进取，从而大大缩短成长和成熟的时间。更为重要的是，一大批已经成长和相对成熟的教师，如果因为有了一个可资参考借鉴的创造性教师评价量表（当然，教学工作的特殊性决定了没有绝对标准），或许可以在专业发展道路上百尺竿头更进一步，领略到更为美好的教育风景和境界。近些年，教师培训空前重视，专业发展也被提上议事日程，形形色色的教师成长读本（大多是个案）也日益丰富，这是一种进步。但是，教学创造问题似乎仍然付诸阙如。

---

① K.T. 斯托曼:《情绪心理学》，第390页，辽宁人民出版社，1987年版。

其实，成功的教学背后，一定潜藏着教师的创造意识和创造能力。我们常常听到对不成功课堂的一种批评和责难：照搬教学参考书。是的，照搬教学参考书肯定不会成为成功的教学，可惜我们往往将之视作工作态度和责任心问题，而很少去分析深层根源。这个深层根源往往是教师创造意识的淡薄或者缺失。换言之，只要教师有了创造意识，学会对教学内容做一些加工处理的方法技巧，创造性地把学习内容转换成一个个问题，再调动学生解决问题或者自己去主动发现问题，课堂教学就会提升一个层次。这里，没有什么千篇一律的课堂教学的成功公式或者秘诀，因为，学生是个性纷呈的，课堂机遇是千变万化的；但是应该有一些共通的原则和方法可资借鉴。这就是教育教学规律。

多少年来，有一个争论不休的问题一直缠绕着人们：教育是科学还是艺术？比较折中和妥协因而为各方所接受的说法是，教育既是科学，也是艺术。那么，如果再作打破沙锅问到底式的追问：教育在多大程度上是科学，多大程度上是艺术？哪些地方是科学，哪些地方是艺术，哪些地方既是科学又是艺术？这怕永远是亘古之谜。

其实，作这样的追问是愚蠢的。愚蠢之处在于两者根本就不可能完全厘清。教育当然有自身的规律，不符合规律的教育是可怕的；但这个规律又是那样的难以捉摸，那样的无法确定，那样的神秘乃至吊诡。这不是教育的卑微，恰恰是教育的高贵；这不是教育的羞耻，恰恰是教育的光荣！因为教育从事的是人的工作，是世界上最复杂的关于人的成长发展的一门科学。希腊神庙上刻着的一句话：认识你自己吧！是的，人是复杂的，不管是自己还是别人。人有多么复杂，教育就有多么复杂，教育规律就有多么复杂。教育规律的复杂之处，正是教育艺术的用武之地。因为人的个性是那么的异彩纷呈，人的成长有那么多的不确定因素，所以教育过程中的创造空间也就格外辽阔，创造契机也就格外丰富，教育活动双方被激发出来的创造力也就应该格外丰盈。这正是教育之所以成为艺术的机缘和理据。

教学有效和教学审美

说到教学之美，无法回避近年来的一个热门话题：有效教学。随之而来的问题便是：我们的教学到底是要教学有效，还是教学审美？

先说一个小故事。前不久，参加过一场主题为"有效教学"的学术报告会，主讲者是一位国内颇为知名的有效教学学者。然而，令与会者料想不到的是，两个多小时的报告，这位力倡有效教学的专家反复阐述的主题却是：超越有效教学。对此，我一点都不奇怪，相反，我为这位学者的坦诚与勇气感到高兴；但从许多听众的眼神中，我读出了他们的迷惘与困惑。我知道，具有这种迷惘与困惑的老师一定不在少数。

是啊！不是"满村争说蔡中郎"吗！怎么忽然又要超越了呢？

教学有效还是教学审美，这不仅是一个充满挑战、难以说清的学术难题，而且是乱象丛生必须勇于直面的教育现实！

1. 教学有效与教学审美是一枚硬币的正反两面

如果追根溯源，教学有效和教学审美其实源自两种对立的哲学思潮。

教学有效源自西方自然科学繁荣背景下的科学主义，崇尚理性思维，相信理性至上，对于学习者以更好地接受知识为目的，而不大顾及学生的内心体验与感受。因此，有效教学特别关注教学效果、教学效率和教学效益，强调教学活动结果与预期教学目标的高度吻合，关注单位时间的教学效益。这一点当然毋庸置疑，但是忽视学生情感体验，对作为生命个体的人关注不够却是其致命伤。于是，作为对科学至上思潮的反抗，教学审美应运而生。1968 年，克莱德·E·柯伦发表《教学的美学》一文，开启教学美学研究的先河。他认为，"当创造使创造者的感情升华到完善的境界，当创造的成品的匀称美不仅给创造者而且也给观看这一成品的其他人带来了快乐的时候，这种创造便是艺术。"教师"能懂得塑造美、增进美的方法。他们能成为艺术家，人类关系的艺术家，成为人的问题这个艰难领域中的美的创造者。"

认为教师必须使自己的工作富有创造性："当教师更多地懂得了美的素质怎样深入人心的生活，当他们能有意识地来完善、扩展这种美的体验方法时，他们也就踏上了教学艺术之路。"[1]此后国际学术界形成强大思潮，上个世纪八十年代随着"美学热"兴起而波及国内，产生了一些学术成果。[2]教学审美研究紧抓教学艺术这一核心，强调教学的创造性，关注人的情感和内心体验，但诚如有些学者总结的那样，还存在着对教学美的定位和价值等问题认识肤浅、教学策略重视不够等明显的缺陷。[3]在我国，相比新世纪以来"有效教学"思潮的汹涌澎湃，教学审美的影响几近式微。但是，这并不是一个正常现象！在不少人那里，教学有效异化成了急功近利的代名词；一个本来正常的学术概念被绑上了应试教育的战车，异乎寻常地"热"了起来。

其实，如同哲学上科学主义和人文主义是一对互为补充对立统一的矛盾体一样，有效教学和教学审美也可说是一枚硬币的正反两面。教育到底是科学还是艺术，多年来一直是个争论不休的教育难题。于是，教育成为世界上最复杂的关于人的成长发展的一门学问。坚持有效教学和教学审美的辩证统一，是对教育教学规律的尊重，也是对人的尊重；片面强调哪一点都容易造成对教育教学规律的背离。而在当前，尤其要警惕打着"有效教学"的幌子，片面割裂教学内容的有机联系，漠视学生作为生命个体的情感体验，将课堂变成没有过程没有人直奔分数的"知识工厂"。

任何比喻都是跛脚的。把教学有效与教学审美比作一枚硬币的正反两面，也同样是这样，只不过取其不可截然分开之意。事实上，有效教学和教学审美并不是同一层面的问题，当然也不是截然对立的硬币两面。如果不把教学审美作狭隘的机械的肤浅的理解，教学审美完全可能也非常应该成为有效教学的逻辑前提，即是说，有效教学是结果和目标，而达成这一结果和目标的前提条件，则是科学意义上的教学审美。换言之，我们为什么要讨论教

---

① 克莱德·E·柯伦：《教学的美学》，周南照 译，《教育研究》，1985 年第 3 期。
② 杨斌：《教育美学的回归与重建》，《美育学刊》，2012 年第 4 期。
③ 李如密：《国内外教学美学研究状况及存在问题》，《教育学术月刊》，2008 年第 1 期。

学审美？讨论教学审美不是为了证明教育和美本质相同（当然，它们应当本质相同），为美学大家族拉来一个可有可无的分支学科，其根本目的是为了使教育教学本身更加符合规律；而更加符合教育教学规律，也就自然达成了教学的有效乃至高效。不妨请读者朋友欣赏一个有趣的现象：

> 通过观察，人们发现向日葵花盘上的种子呈螺旋状排列，有时是21个顺时针、34个逆时针；有时是34个顺时针，55个逆时针。这些数字组成了一种特定的数列，即1、2、3、5、8、13、21、34、55、89……数列中每个数都是前面两个数之和，即费氏数列。植物怎么"知道"这个深奥的数列呢？科学家为此苦苦思索了几个世纪。迄今为止最好的解释是1992年由两位法国数学家提出来的，他们证明，费氏数列使新花朵顶端的种子数最多。[1]

向日葵花盘上种子的排列很有规律，很美，但是谁曾想过，这秩序、和谐、规律之美的背后，还隐藏着生物自身的一个秘密：这样的排列使花朵的种子数最多！

这对"教育审美"和"教学有效"的话题，是否是一个深刻的启示呢？

2. 教学有效的秘密之一：发现学科内容之美

教学内容之美是一个远没有引起教育学界注意的问题。为此，本书将在下一讲专门讲述教学内容之美，即学科的魅力，这里不拟展开。我想说的是，真正把握了教学的本质内容，发现并传达出学科之美，那么，你的课堂、你的教学将会弥散着巨大的魅力，课堂如同磁场深深地吸引着学生。此时，你还会担心教学是否有效吗？之所以教学内容之美和教学有效之间具有如此密切关系，秘密就在于美和真是相通的。发现教学内容之美，也即把握

---

[1] 特奥多·安德列·库克：《生命的曲线》，第 4 页，中国发展出版社，2009 年版。

了教学内容之真；相反，如果把握不住教学内容之本质，一味急功近利地抓住枝枝叶叶去展开教学，知识在学生那里是零碎的、散乱的，那么，教学也不可能有效，更谈不上符合审美规律。为此，我们谨看一个语文教学案例，或许可以帮助我们进一步理解教学有效和教学审美之间的关系。

这是一节普通的高三语文复习课。课堂开始，老师先请同学读两遍文言选文。之后，由同学挑出文段中的重点字词，并试做解释。解决了几个常见的问题之后，老师选了三个重点词，引导同学从字源上做了一番探究。

是

会意。《说文》："直也。从曰、正。"

《说文解字注》认为"以日为正曰是"。原因是"天下之物莫正于日也"。以日为正，把太阳当作标准。

"天下之物莫正于日也"应该是"天下之物莫不正于日也"，天底下的事物没有不以太阳为准则的。这个解释似乎没有问题，但为什么"以日为正"就是"直"呢？首先要清楚"是"的写法。"是"强调的不是"正"，而是强调"止"：

甲骨文字形

小篆字形

从这些字形中都可与清楚地看到，字的下部是"止"而不是"正"。不能忽略的是，字形中有"手"存在。从字形可以推测，人站立，手持工具（如圭臬）测量日影，以确定时日。日影如果符合（对得上）以往留下的刻痕，就可以确定是"正日"、"正时"。正，意思应该由此而来，本义为：正，直，不偏。并可引申出"对、正确"，"认为对、赞同"，"这、这个"等意思。由此，同学还联想到"实事求是"、"是非分明"、"是可忍孰不可忍"、"是己而非人"等词语，并且很快意会出正确的解释。

累

音 léi。《说文》："缀得理也。一曰：大索也。从纟，畾声。"（按照一定的条理连缀在一起。另一种解释是"大绳索"。）小篆写作：

小篆字形

作"连缀"解时，累也写作"缧"。如"累绁"也可写作"缧绁"，指捆绑罪人的绳索，引申为牢狱、捆绑。如："仆虽怯懦，欲苟活，亦颇识去就之分矣，何至自沉溺缧绁之辱哉！"（司马迁《报任安书》）

"孟明稽首曰：'君之惠，不以累臣衅鼓，使归就戮于秦，寡君之以为戮，死且不朽。'"（左丘明《左传·僖公三十三年》）。"累臣"，字面意思是被捆绑的臣下。此处是谦称，有"罪臣"之意。同学们一看到"累"的字形，很容易地明白了词义。

其实，这里就有教学有效和教学审美统一的问题。我们习以为常的文言教学是怎样的呢？读读议议之外，疑难处都是老师讲，学生记，靠重复来巩固记忆，似乎没有什么更好的方法。其结果是，不仅容易遗忘，更重要的是，我们的课堂没有了活力，学生对文言望而生畏，"一怕文言文，二怕周树人"。久而久之，文言阅读能力自然提不高，我们古老而优美的汉语成了学生敬而远之的对象。这可真是有点辜负了我们的祖先。先民们创造汉字，那可是多么伟大的一件事啊！"昔者仓颉作书，而天雨粟，鬼夜哭。"《淮南子·本经训》记载的这一传说，虽然解释甚多，但说是标示出文字的神奇智慧，透露出文明的熹微晨光，应该是没有大错吧？既如此，我们的语文教学为什么不可以花点时间，从汉字的源头说起，让学生了解一点汉字的特点、规律从而感悟汉字之美呢？

这节课告诉我们，这不仅是应该而且是可行的。众所周知，汉字构成的第一性的特质，便是象形。因此有人说，象形品质乃是汉字的本质特点。象形品质决定了它的直观性，观其形便易于知其意，这就是追溯汉字之源的逻辑起点。而一旦从源头上弄清其意，顺藤摸瓜，许许多多相关的字词意义便融会贯通；而且可以产生若干联想，达到一种视觉和心理上的审美满足。既在知识层面上融会贯通，举一反三，又发现和领略了汉字之美，这样的语文教学，何乐而不为之？

3. 教学有效的秘密之二：创造教学艺术之美

苏联学者 Н·Л·阿里宁娜认为，优秀的教学方法具有美学意义。她说："教学法也可能而且应当具有审美价值。如果教学法是从孩子认知的年龄特点出发，目的在于满足他们的认识需要，而教师又努力勉励学生，振奋学生的精神，帮助他体验发现的欢乐，感受自己的长处，享受认识的才能带来的快感，那么，学习过程也就获得了审美性质。用黑格尔的话来说，教学法应当减轻孩子们进入'宇宙奥秘本质'时的负担，在果敢的求知欲面前，这'奥秘本质'是应当被揭晓的，它那天赋的风采和深度也必将展现在孩子眼前，给予人以尽情欣赏它们的机会。"[1] 在教育艺术美的创造过程中，教学材料（包括知识以及凝聚在知识自身的审美元素）首先成为教师和学生共同的审美对象，它们会给师生双方带来丰富的审美感受。其次，教师和学生都是创造的主体，教师依据教材和教学目标，充分施展自己的创造才能，学生也以自己的生命激情和成长热望投身其中，师生双方共同努力，营造出一个活泼有序、节奏鲜明、生机盎然，充满理智美、情趣美、智慧美的生命课

---

① 李如密：《国内外教学美学研究状况及存在问题》，《教育学术月刊》，2008 年第 1 期。

堂。在这样的课堂里，成功的教学氛围成为师生共同的审美对象，师生都会从中感受到一种劳动成功的喜悦。再次，教师和学生也可以互为审美客体。学生之于教师，教师之于学生，也都可以从中收获一份诚挚的信赖和爱，获得其他劳动都无法获得的审美愉快。

教育艺术美创造过程应该是由师生合作完成，教师居于主导者地位。因为课堂氛围的营造主要靠教师，学生的被激发和唤醒也主要靠教师。因此教师的教育素养就显得格外重要。首先，是爱心。教师必须有真诚无私的爱，才能全身心投入到教育创造中去。其次，是尊重。教师必须把学生当作一个个活生生的、成长中的人而不是知识容器或者机械产品，才能扬起创造的风帆，以心灵唤醒心灵，以智慧启迪智慧，以人格滋养人格。要充分尊重学生，确立学生的主体地位，否则，势必死水一潭。再次，在充分调动学生主体地位的基础上，教师要注意把握课堂的教学节奏，以节奏原则安排课堂教学结构。譬如，用简洁、精彩的开场白激发兴趣；通过讲解讨论等手段，使学生保持较高程度的心理紧张，以集中的注意和兴奋活跃的思维，接受理解高负荷、高密度的教学内容。同时以各种方法进一步展开教学内容的分析和阐发。

课堂热烈融洽的活动氛围的形成，还取决于教师的创造意识和创造能力。小原国芳指出："教师自身有创造性，是使儿童有创造性的第一原理。"[1] 教师应该具有创造意识，创造性地把学习内容转换成一个个问题，再调动学生解决问题或者自己去主动发现问题。关于教师的教学创造意识和创造能力，美国创造性教育权威史密斯制定了创造性教师自我评价的十二条标准，概括地说，包括以下几点内容：（1）思维应具有灵活性、开放性，能够制定灵活有余地的方案，能够进行开放的思考；（2）尊重学生的独创性，培养学生独立自主的能力，培养学生的自发性、主动性；（3）重视学生创造的过程，把有创造性的学生看作有希望的学生。日本的创造学者恩田彰这样阐

---

① 小原国芳：《小原国芳教育论著选》（下），第 376 页，人民教育出版社，1993 年版。

述："有创造性的教师，能够发现普通人不注意的、容易忽略的问题。同时能够进行创造性教学，即在课堂教学中下了新功夫，即使是同样的教材，也能采用不同的新教法，把各种教材重新组合来进行教学。"[①] 教学创造性的特征还表现为流畅，教学设计必须是一个有机的整体，是一个优化的结构。

看来，教学艺术美的创造也和一切艺术创造一样，陈陈相因，是没有艺术可言的。教学中面对的是性格各异、思想日新的儿童，更是处处充满了创造的契机。要能够取得规定时间内的最佳效益。民主也应成为创造性教学的重要标志。教师只有以平等的人格进行教育教学，才会循循善诱，入情入理；才会不仅教授知识，而且关注人的感情、思想，注意心灵的沟通和情感的共鸣。那种家长式的粗暴、官僚式的冷漠、师爷式的专横都与成功的教学创造无缘，因而也势必扼杀和窒息教育艺术美的生命！课堂上没有教学艺术之美，也就很难达成教学的有效。

关于教学审美，我想请大家一起来欣赏19世纪伟大的物理学家路德维希·玻尔兹曼的一段话，这是描述他的同事、著名物理学家詹姆斯·克拉克·麦克斯韦课堂的情景，并以此作为本节文字的结尾：

> 首先速率的变化在雄壮地进行着；之后一方面进入平衡状态，另一方面在中心区域是均衡的运动。公式的纷乱程度达到高潮。突然如同听到了四下定音鼓声"如果 n = 5"。邪恶的精灵 V（两个分子间的相对速率）消失了；就像在乐曲中，在低音区一直占主导地位的形象突然沉默了，一种似乎不可战胜的东西像是被魔力征服了……现在还不是解释为什么会出现这样或那样的替换的原因时候。如果你并没有随着推理的进行而迷惑，那么将报告放下。麦克斯韦并没有写带明确注释的标题音乐……每一个结果都紧跟着上一个快速出现直到结束。当热平衡的条件

[①] 恩田彰 等：《创造性心理学——创造的理论和方法》，陆祖昆 译，第116页，河北人民出版社，1987年版。

与变换系数同时出现时，出乎意料的高潮到来了。而帷幕也随即落下！

这是大师的课堂，是一场物理之美（包括教学内容之美和教学艺术之美）的欣赏盛典！我们中小学课堂上不太可能出现如此精彩迷人令人陶醉的乐章；但是，我们可以朝着这个方向努力。我们也应该尽其所能地去发现，去创造，用学科特有的魅力去给学生以美的震颤或神秘，讲述一些可喜的发现或未知的世界，用知识更用智慧的琼浆去浇灌那嗷嗷待哺的心灵。诚如是，那教学有效性不是水到渠成之事吗！

经 典 话 语

教育机智

不论教育者对教育学理论研究得怎样，如果他没有那种所谓的教育机智，他就不可能成为一个良好的教育实践者，这种所谓教育机智在本质上不是什么别的东西，无非是文学家、诗人、演说家、演员、政治家、传教者所需要的那种心理学机智，总之，就是一切想跟教育学者一样对别人的心灵发挥某些影响的那些人所需要的那种心理学机智。教育机智只不过是心理学机智的特殊应用，不过是它在教育学概念领域内的特殊发展。但是，这种心理学机智本身究竟是什么呢？这不是什么别的东西，只是我们自己所体验过的各种各样的心理行为的比较模糊不清的和半意识的一种回忆而已。人就根据心灵对自己的历史的这种回忆认为他能够影响别人的心灵，并且为了这件事而选择那些他自身体验过的有效手段。我们不想看轻这种心理机智的重要性……任何心理学也不能代替人的心理机智，这种机智在实践中是特别需要的，因为它很快就起作用，在顷刻之间就起作用，而科学原理的回忆、思索和考量都是来得很慢的。能不能设想有一个演说家，当他想要在听众的精神上引起同情、恐怖或忿怒时就去回忆心理学的某一章节呢？同样，在教育活动中也没有任何可能让教师根据心理学的某些章节去行动，不管他对这些章节研究得有多透。但是，无疑地，心理机智不是什么天生的东西，它是在人身上逐渐形成起来的。一个人的机智较快、较博、较完整，而另一个人的机智则较慢、较狭、较片断，这取决于精神上的其他性能——这是随着人如何生活，如何对自己心灵中发生的东西进行有意或无意的观察而形成起来的。人的心灵只有在自己的活动中才能看清自己，而心灵对自己的认识正如它对外在自然现象的认识一样是从许多观察中形成起来的。心灵对自己的活动的观察越多，观察力就越坚强越精确，人的心理机智的发展就越多越好，而这种机智也就将越充分、越可靠、越完整。由此显然可见，研究心理学和阅读心理学著作能指导人去思考他自己的精神过程，并能对人的心理机智的发展有很大的帮助。

（选自乌申斯基：《人是教育的对象——教育人类学初探》，人民教育出版社，2007 年版）

教师的语气和声调

其次，我还有一个不同的意见。我并不是说我没有技巧。我是说我没有才干，技巧我是获得了。技巧是可以获得的东西，正像可以做一个有名的旋工，可以做一个出色的医师一样，教师也应当成为一个呱呱叫的能手。

我相信我和你们，都是一样的人。我已经做了 32 年的教育工作。每个某种程度上长期做过教师的人，如果不是懒汉的话，就会成为教育能手。你们都是青年教师，如果不抛弃我们这一行业的话，将来一定会成为能手。至于，那时候究竟对技巧能掌握到如何的程度，那就全靠个人本身的努力了。

现在来谈一谈关于教师动怒的问题。请不要以为我在号召大家不要用温和平静的声调，而要用拳头使劲打桌子，大声喊叫等。这种做法，是不会得到什么效果的。

什么是动怒呢？一切事情都应当辩证地来理解。在掌握了技巧的条件下，动怒的意义自然是不同的。如果你是一个能手，那你就能体验到生气是怎么一回事，但你的动怒并不能采取任何违反教育学的方式。这是你的真正的人的情感的真诚表现，但这并不是一般人的情感表现，而是出色的教师的情感表现。

不仅动怒跟温和平静的声调是对立的，而且，我认为人的一般的真实体验跟温和平静的声调也是对立的。应当了解到由单纯的不满到动怒的整个过程。我应该说，我在这里也是不得不学习的。我知道用冷静沉着的口气说"你好"和用安详温和的口气说"你好"究竟是表示什么意思；我知道用严厉冷淡的口气说"没事了，可以走了"和用稳重而柔和的口气说"没事了，可以走了"究竟表示什么意思。所有这些，都是实践问题。如果你们向自己提出这样的若干有趣的问题并进行练习的话，这样做并不是不好的。我常常教我的同事们做这样的练习。我有时候说："我是校长，你是学生，你犯了过失。因此，我要和你细谈一番，而其他的人来听我们谈话。"

请回答我，你们将怎样发问呢？

你们是说："说吧，这是你干的吗？"还是说："这是你干的，我知道！"就请试一试吧！要知道，正是无关紧要的普通问题，才随时能够遇到。这里，没有适当的声调的运用，没有适当的脸部表情，是什么也做不好的。

你们这样巧妙地运用声调，绝不只是表现在极端的动怒和喜悦中。

（选自马卡连柯:《马卡连柯教育文集》，人民教育出版社，2001 年版）

第三讲　知识之美

斯宾塞的比喻

一个优秀的教师只需要两个魅力：一是人格魅力，二是学科魅力。两个魅力有联系也有区别，相辅相成也相对独立。可惜，人们对人格魅力比较重视，对学科魅力却言说甚少。甚至可以说，这里还是教育学研究的一块处女地。几年前，我编选《什么是真正的教育：50位大师论教育》时，专设一章"知识的魅力"。知识的魅力，亦即学科之美。很遗憾，教育学文献中相关的论述非常之少。而我们过去和现在许多形形色色的教学改革方案，由于没有触及学科教学这一根本之处，总是在教育的外围或者细枝末节上周旋，因此很难取得真正的突破。

青年教师在成长路程中常常听到这样的言论：要热爱教育事业。这话没错，但还不够具体。热爱教育究竟热爱什么？爱到怎样的程度才叫热爱？怎样培养这种对教育的热爱？热爱教育首先是爱学生，没有对学生的爱就没有教育。但仅有对学生的爱而没有对学科的热爱，还不是完整的热爱教育，也不能保证你就能必然地做好教育工作。

关于学科的魅力，我最初是从英国教育家赫勃特·斯宾塞那里受到了深刻启发。赫勃特·斯宾塞（1820—1903），主要著作有《教育论》。斯宾塞认为，教育必须为人们准备完美的生活。他以养花为喻：

养花的为了花来培育一株植物；他承认根和叶的价值主要在于有了

根和叶才会有花。可是虽然从最后产品看，花是压倒一切的东西，但一个养花的人知道得很清楚，根和叶有很大的内在重要性；因为要靠它们才能有花。他无微不至地培养一株欣欣向荣的植物，也明白如果只着急要花朵而忽略了那植物，则是很笨的。我们面前的情况也是一样。建筑、雕塑、油画、音乐、诗歌等等，的确可以说是文化生活中的花朵。但是尽管认为它们有这样超出一切的价值，以致压倒使它们生长的文化生活（只怕不好这样说），还是要承认必须首先考虑建立一个有健全文化的生活；而为此服务的培育工作必须占最高地位。

斯宾塞这段话是针对现实教育的弊端而言的，他认为，我们教育制度的缺点在这里就看得最明显。它为了花而忽略了植物，为了美丽就忘了实质。斯宾塞的结论是这样的："科学知识在教育中的重要意义和作用，每一个艺术门类，无论是欣赏还是创作，都要有特定的科学知识做支撑。科学本身就有诗意。"而正是围绕"科学本身就有诗意"这个命题，斯宾塞说了一段非常精彩的话。他说：

科学正是在那些不懂科学的人看来全是茫然的地方去开辟一些富有诗意的领域。研究科学的人经常告诉我们，他们体会所研究的对象中的诗意，并不比别人欠鲜明，反而更鲜明清楚。任何阅览过休·米勒的地质学著作或读过刘易斯的《海滨研究》的人，都会发觉科学是在激发诗意而不是在扑灭它。每一个考虑过歌德（Geothe, J. W.）生平的人都看得出诗人和科学家可以并存而从事同等分量的活动，如果说一个人对自然研究得多了就会不那么尊敬它，难道不正是荒谬和几乎亵渎的信念吗？你会设想一滴水，在俗人眼中看来只是一滴水，而一个物理学家懂得了它的元素是由一个力量集结在一起，而那力量突然释放时可以引起闪电，在他的眼中那滴水会是什么吗？你会设想在普通人不经意地看来只是雪花的东西，对于一个曾在显微镜中见过雪的结晶的奇妙多样形式的人不会引起一些较高的联想吗？你会设想一块划了些平行线痕迹的圆岩石，对一个无知的人和一个知道一百万年前冰河曾在这岩石上滑过的地质学家，能激起同样多的诗意吗？事实上，一个从未做过科学探讨的人对于他四周的诗意大部分是茫然无知的。一个在青年时代未曾采集过植物和昆虫的人对于乡间小道树丛能引起的莫大乐趣就懂不到一半。没有寻找过化石的人就很少知道发现那宝藏的附近有些什么带诗意的联想。住在海边然而缺乏显微镜和养鱼箱的人，就还要从学习海滨的最大乐趣是什么开始。[①]

记得，当初我读到这段话的时候，顿时有了醍醐灌顶的感觉，"学科之美"的概念油然而生！这也正是《什么是真正的教育：50位大师论教育》中"知识的魅力"的由来。我们教科书的每一章每一节，其背后包含的无不是系统而严谨的知识；而这些知识的背后，无不蕴含着学科本身的规律和逻辑，这种规律和逻辑，其实也就是知识本身蕴含的丰富"诗意"！关键是看我们教师是否具有那一双"慧眼"。能否发现这种知识背后的"诗意"，其实，这正反映出我们对学科理解的深度和高度！教学中，你发现了这种诗意，你才是高度热爱教育，真正热爱教育；传达出这种诗意，你的学科就富有了魅力。

蔡元培如是说

当然，在遇见斯宾塞之前，我也早就朦胧地注意到了学科知识内在之美的问题。不过，当时，更多的是使用"学科美育"的概念。而"学科美育"说，则源自蔡元培先生。

学科美育，顾名思义，就是在学科教学中实施美育。最早提出这一观点

---

① 斯宾塞：《斯宾塞教育论著选》，人民教育出版社，2001年版。

的是我国近现代史上伟大的教育家、思想家蔡元培。早在 1922 年，蔡元培就指出："凡是学校所有的课程，都没有与美育无关的。"蔡元培还一一列举了数学、物理、化学、生物、音乐、美术、体育、文学等各门学科同美育的关系：

> 例如数学，仿佛是枯燥不过的了；但是美术上的比例、节奏，全是数的关系；截金术是最显的例。数学的游戏，可以引起滑稽的美感。几何的形式，是图案术所应用的。理化学似乎机械性了；但是声学与音乐，光学与色彩，密切得很。雄强的美，全是力的表示。美学中有"感情移入"论，把美术品形式都用力来说明它。文学、音乐、图画，都有冷热的异感，可以从热学上引起联想。磁电的吸距，就是人的爱憎。有许多美术工艺，是用电力制成的。化学实验，常见美丽的光焰；元子电子的排列法，可以助图案的变化。图画所用的颜料，有许多是化学品。星月的光辉，在天文学上不过映照距离的关系，在文学、图画上便有绝大的魔力。矿物的结晶、闪光与显色，在科学上不过自然的结果；在装饰品便做重要的材料。植物的花叶，在科学上不过生殖与呼吸机关，或供分类的便利；动物的毛羽与声音，在科学上作为保护生命的作用，或雌雄淘汰的结果；在美术、文学上都为美观的材料。地理学上云霞风雪的变态，山岳河海的名胜，文学家美学家的遗迹；历史上文学美术的进化，文学家美术家的轶事；也都是美育的资料。[①]

蔡元培在这里清晰地指出了学科知识的审美因素，即蔡元培所说的"美育之原素"。这些"美育的原素"应该在每个学科门类中都能找到，而且是和智育因素水乳交融地结合在一起的。一个成熟的教师，在确定智育教学内容时，自然应该努力挖掘这些蕴含在学科内部的"美的原素"，发挥这些

---

① 蔡元培：《蔡元培美学文选》，第 155 页，北京大学出版社，1983 年版。

"美的原素"对学生的美育功能。这在那个时代里，应该是极其难得的。

当然，"学科美育"和"学科之美"是有交集有联系也有区别有各自学术边界的两个概念。简言之，学科美育，强调的是运用知识本身的"美原素"去对学生进行美育熏陶，这样更多的是着眼学科知识的外在教育功能，虽然这也是学科教学应该承担的任务之一，但还是缺少了对学科内部规律的洞悉与揭示；而学科之美，则是进入学科内部，着眼于学科自身知识的魅力，其中自然包含了对学科内部逻辑和规律的寻求和揭秘。而发现了学科之美，不仅学科教学的自身任务（知识和能力）圆满完成，美的熏陶功能也水到渠成。所以，从这个意义上说，学科之美要比学科美育的内涵更加深邃和丰富，其教育学意蕴也更加浓郁和严谨！

学科之美的价值

知识为什么会美？因为美和真是相通的。自然界本身的规律叫"真"，真与善、合规律性与合目的性的这种统一，就是美的本质和根源。教学内容反映的是各个科学门类的客观规律，这些规律凝结着人类的智慧和劳动成果的结晶，这里，也同样有着"真与善、合规律性与合目的性的统一"，因此，发现了学科知识之"美"，也就抓住了学科知识之"真"的牛鼻子！这在哲学上叫作"以美启真"。

这种学科知识之美的发现，其实首先出现在备课环节。备课，在某种意义上说，就是教师欣赏和发现知识之美的过程。知识之美，不是外缀的点饰，更不是节外生枝、穿靴戴帽，而是和知识本身水乳交融地结合在一起的。是否发现学科知识之美，很大程度上取决于教师钻研教材的深度。真正钻研透了，发现了知识的内在逻辑结构，教学内容之美就油然而生。

数学之美是一个最为方便的例子。许多数学家说过，美是数学研究所追求的目标之一，而且是高于其他一切的一个目标。数学家赫尔曼·魏尔曾写道："我的工作总是尽力把真和美统一起来；但当我必须在两者挑选一个时，我通常选择美。"20世纪上半叶英国的著名数学家哈代是众多著有精美自传的数学家之一，他曾断言"丑陋的数学在世界上没有永久的地位"。伯特兰·罗素同阿尔弗雷德·诺斯·怀特海都曾尽了极大的努力试图用数学逻辑的符号与演绎推理对所有的算术知识进行系统化，他们强调："实际上数学不仅蕴含着真理，同时也拥有至高的美感——像雕塑一样冷峻的美……快乐、兴奋以及超出人类所能体味的卓越非凡的感觉，这些在诗中能体会到的感受在数学中同样能找到。"数学如此，其他学科莫不如此！这一点，蔡元培的"美元素说"清晰而明白地作出了诠释。如果我们在备课环节中深深地为这种知识的诗意所感动和陶醉，那么我们的课就已经成功了一大半。其实，很多失败的课堂，早在浅尝辄止游离于知识表层的备课环节，就已经埋下了失败的种子。

当然，认真备课只是一种态度，专业本身的深厚修养才是问题之关键。知识之美无处不在，要紧的是要有发现的眼光。学科内容的审美需要有一个前提，那就是教师自身先要有一双发现美的"眼睛"，必须具有丰富的学科素养，具有对学科本质的深刻理解。事实上，在教学内容中，知识和美如水乳交融，无法分开。合则双赢，分则俱伤。深刻地把握了"真"，也就自然领悟了其中的"美"；寻找到恰当的"美"的路径，也容易逼近事物的本质——"真"。一个成熟的教师，在确定教学内容时，自然应该不仅仅满足于知识传递，还应努力挖掘蕴含在学科内容中的"美原素"（很多时候，两者无法截然分开）；或者说，把握住了学科知识的本质规律和逻辑线索，也就把握住了学科之美。由此看来，教师发现学科之美的"眼力"就显得尤为重要。从某种意义上说，"眼力"就是"能力"。

谨以一组语文课《雷雨》（节选）的教学短镜头为例。

人物称谓："老爷"还是"朴园"？

周朴园对鲁侍萍的怀念是"真"是"假"？这是一个在很多课堂都讨论过的经典问题，的确抓住了这篇课文文本的"牛鼻子"，一个问题带起了一串思考，也激发了同学们的讨论热情。一番唇枪舌战之后，老师做了小结，同时抛出了一个出人意料的问题：此情此景之中的鲁侍萍，对周朴园是怎样的态度？是否也有一点情不自禁回到当年的意味？老师循循引导：请看侍萍对周朴园的称谓有何变化？于是，眼尖的同学马上发现，全文中鲁侍萍对周朴园一直以"老爷"相称，但是，有一处变了：

　　周朴园：（徐徐立起）哦，你，你，你是——

　　鲁侍萍：我是从前伺候过老爷的下人。

　　周朴园：哦，侍萍！（低声）怎么，是你？

　　鲁侍萍：你自然想不到，侍萍的相貌有一天也会老得连你都不认识了。

　　周朴园：你——侍萍？（不觉地望望柜上的相片，又望鲁妈。）

　　鲁侍萍：朴园，你找侍萍么？侍萍在这儿。

　　此时此地，鲁侍萍为什么不称"老爷"而称"朴园"？称谓的变换意味着什么？

　　经过讨论，大家明白，误入周府的鲁侍萍，面对周朴园精心布置的怀念"侍萍"的场景，恍惚之间也似乎回到了当年两人相爱的时光，于是，情不自禁，"朴园"二字脱口而出，这似乎能够说明，当年周朴园对侍萍还是有过真情实感，而侍萍也曾对周家公子真心相爱。而确证这段感情，不仅更能显示出当年周家（当然也包含周朴园）的无情无义，尤其是更进一步暴露出今日周朴园的冷酷、自私和虚伪嘴脸。由是，紧接着，周朴园"你来干什么"的严厉质问，就显得合乎逻辑顺理成章。小小的一句称谓变化，成为读者窥见人物内心深处情感波澜的窗口！

　　学科之美不仅要求教师发现教材的内容之美或者说知识之美，而且包括课堂上处理教材的教学艺术之美。课堂教学艺术的审美因素，包括课堂教学流畅的结构、鲜明的节奏、疏密相间的环节、热烈和谐的教学气氛……总之，是课堂上师生共同创造出来的能让学生始终处于享受之中的教学艺术美。这种美不同于文学艺术等其他门类的艺术之美，而是始终让学生处于一种境界之中。这种"境界"我谓之"紧张的愉悦"或者"审美愉悦"。这种氛围，不仅在学生知识能力的生成上有"催化剂"作用，而且让学生在情感上"如坐春风"。教学艺术之美就是要教师创造出成功的教学艺术，凸显学生在课堂上的主体地位，让整堂课不仅是学生学习的过程，而且是学生不断地"发现和创造"的过程，是心灵不断变得丰富和充实的过程，是生命不断发育和成长的过程。教师也是这样。教师的劳动成为创造的过程，让教师在教学劳动中焕发出智慧和理性的光辉，体会创造和成功的喜悦。在这样的发现和创造过程中，教师和学生互为主体客体。既是对方欣赏的审美客体，更是生命和心灵不断发展的主体。学生和教师在智力活动中，"人的本质力量"不断升华，思维的灵感不断闪射，创造的火花不断爆发。毋庸置疑，这样的课堂也充溢着丰富的审美因素。甚至有时候，我们无法分清哪些是学科内容之美，哪些是教学艺术之美，学科内容之美和教学艺术之美水乳交融。即使从功利角度说，师生共同创造出来的劳动成果（教学成果）一定是非常成功的，因为在这一过程中，教师的创造精神充分发挥，学生的主体积极性充分体现，人的积极性、创造性、主体性得到提高，教学效果怎么会不好呢？从审美角度说，学生在学习的同时，会从书本、课堂氛围、教师等方面获得多层面的审美满足，教师也会从学生的反应和教学的成功氛围中获得强烈的审美感受。这种审美感受对学生来说，是生命成长的重要营养，学习不是沉重的负担，而是一种享受！（当然，必要的学习负担还是需要的，这里仅就课堂而言。）对教师而言，不仅可以摆脱重复的教学劳动带来的单调、机械和琐屑，而且可以帮助教师坚定职业信仰，张扬人格魅力，激发教学艺术的创造激情。

学科之美在哪儿迷失？

教师在课堂教学中的责任，就是要通过讲述、讨论和师生活动，带领学生一起欣赏和领略知识之美；而一旦师生一起走进了学科内部的知识迷宫，沉醉于绚丽斑斓的知识魅力之中，教学效果自然水到渠成。但是，走进我们的课堂，有的课会让你流连忘返，也有的课却常常令人兴味索然，如同嚼蜡。根源何在？学科之美到底在哪儿迷失？

歧路之一：急功近利的庸俗教学观

我们很多教师之所以往往忽略了学科之美，不是缺少发现的眼光和能力，而是被急功近利的庸俗教学观遮住了双眼。如果教学中不是着力于发现和揭示学科魅力，而是仅仅把眼光停留在与考试相关的所谓"知识点"或"考点"上（请注意这里的两个关键词："仅仅"、"所谓"），势必会割裂知识的内在联系，破坏知识的内在逻辑，支离破碎，一鳞半爪，那样的教学往往会做出"煞风景"之类的事。教学中的功利必不可少。既然要考试，那么教学就当然要抓"知识点"、"考点"，这一点应当理直气壮，理所当然。但是，急功近利则不好，知识点之间的内在联系，知识内部的网络和逻辑关系，知识点的来龙去脉，"知识点"、"考点"之外更为广阔的知识空间，还有那些附着在"知识"本身的情绪、情感、情怀，即人们常说的知识的体温，等等等等，作为教师，都必须弄清楚，必须心中有数，心中有底。有数了，有底了，你讲起那些知识点来，才会得心应手，才能追本溯源，才容易有神来之笔，才会发掘和发散出知识本就含有的内在魅力。我们应该确立怎样正确的教学观呢？如雅斯贝尔斯说的那样：

手工课以劳作方式发展学生的灵巧性；体育课则以学生身体素质的锻炼，以及身体的健美来表现自我生命。哲理课发展思想和精神的敏锐和透明，培养说话的清晰和简明、表达的严格与简洁、把握事物的形式和特征，了解思想争论双方的焦点所在，以及如何运"思"而使问题得以澄清。通过接触伟大作品而对人类本真精神内涵进行把握（伟大作品包括：《荷马史诗》、《圣经》、希腊悲剧家的作品、莎士比亚和歌德的作品）。而历史课的教学则是发展学生对古代文化的虔敬爱戴之心，启发他们为了人类更高的目标而奋斗，并形成对现实批判的清醒历史观。自然科学课的开设，则是掌握自然科学认识的基本方法论（包括形态学、数学观和实验）。

雅斯贝尔斯在这里强调的，正是属于学科教学的本质内容，其实也正揭示了学科魅力的大致要旨。在此宏阔的教学视野之下，再去审视我们教学的着力点，确立一个一个的知识点及其内在联系，我们的教学会出现一个崭新局面。

歧路之二：专业素养不够扎实深厚

发现需要"眼力"。"眼力"从何而来？当然首先是深厚扎实的专业素养。没有深厚扎实的专业素养，一切都无从谈起。想到了苏霍姆林斯基的一段话：

教育素养是由什么构成的呢？这首先是指教师对自己所教的学科要有深刻的知识。我们认为很重要的一点是，教师在学校里教的是科学基础学科，他应当能够分辨清楚这门科学上的最复杂的问题，能够分辨清楚那些处于科学思想的前沿的问题。如果你教的是物理，那么你就应当对基本粒子有所了解，懂得一点场论，能够哪怕是粗略地设想出将来的能源发展的前景。教生物的教师则需要懂得遗传学发展的历史和现状，熟悉生命起源的各种理论，知识细胞内部发生的系列化过程。教育素养就是由此开始并在此建立起来的。可能会有人反驳说：为什么教师要懂得那些课堂上并不学习的东西以及那些跟中学所学的教材没有直接联系的东西呢？这是因为：关于学校教学大纲的知识对于教师来说，应当只是他的知识视野中的起码常识。只有当教师的知识视野比学校教学大纲宽广得无可比拟的时候，教师才能成为教育过程的真正的能手、艺术家和诗人。①

由此想到教师专业发展的路径和方向，想到近年来国家高度重视、社会上十分风行的教师培训活动。我想，最有效果的培训，莫过于创造条件，让青年教师认真读点书，扎扎实实地做些为自己的专业夯实根基的事。这些扎实的专业根基，是帮助他们提升"眼力"最为重要最为切近的事。学科专业书籍之外，还要拓宽阅读渠道，扩大视野。譬如文科教师，早就有人倡导要做"杂家"，文史哲三家都得有所涉猎，触类旁通；譬如理科老师，不妨了解点科学美的有关知识，诸如数学的内在生命、宇宙的自然秩序、生命的曲线等等。

　　且夫水之积也不厚，则其负大舟也无力。覆杯水于坳堂之上，则芥为之舟，置杯焉则胶，水浅而舟大也。风之积也不厚，则其负大翼也无力。故九万里则风斯在下矣，……

庄子《逍遥游》说的是人生之道，其实也可视作教师专业发展之路径。

歧路之三：少了一点创造的意识和激情

当然，首先是"发现"。如前所说，庸俗的教学观会遮蔽教师发现美的眼睛，学养不够深厚会制约教师"发现"美的能力，但是，知识之美不仅在于发现，发现之外，还要创造。创造合宜的教学情境，创造和谐的教学氛围，创造让孩子眼睛一亮、豁然顿悟的教学机遇……没有教学创造的课堂，必然缺乏生机，知识之美也会黯然失色。苏联著名教育家、曾担任全苏教师创造协会理事长的阿莫纳什维利就曾将教育与音乐相比，探讨使教育拥有像音乐一样丰富、细腻、动人心魄的表现形式。他认为当儿童真正的爱与最完

━━━━━━━━━

① 苏霍姆林斯基：《给教师的建议》，第412页，教育科学出版社，1984年版。

美的教育形式相结合之后，教育创造出来的就是自身的美！

阿莫纳什维利是合作教育学派的主要代表人物之一，是一位富于革新精神的学者，他提出了建立实事求是的师生关系的原则，认为在知识探索中，教师有时应当扮演与学生一样的求知者的角色，有时"健忘"，有时"犯错误"，提出与学生答案相反的论证，激起学生与教师辩论的愿望。在阿莫纳什维利的教学中，教师以这种方式为学生创造条件，让学生在与教师的交往中感到自己是与教师平等的伙伴，并从这种积极参与中获得认识的快乐、交往的快乐。阿莫纳什维利的创造意识和创造精神，是我们中小学教师的榜样。

我国当代教育学者中，北京师范大学的陈建翔教授是一位比较重视教育创造的学者。陈建翔在论述课堂教学节奏时，就有一段甚为精辟的分析：

（1）以节奏原则掌握和驾驭学生身心状态及变化规律。掌握学生体力、情绪、智力方面的变化规律。（2）以节奏原则安排课堂教学结构。一是要简洁、精彩的开场白，以激发兴趣。二是以讲解为手段显示教学内容的"第一手段"，使学生保持较高程度的心理紧张，以集中的注意和兴奋活跃的思维，接受理解高负荷、高密度的教学内容。三是以各种方法进一步展开第一主题的分析和阐发。（3）以节奏原则实施课堂教学操作。语音语调提问等。（4）以节奏原则启发潜在能力。①

首先是激发。教师首先通过各种问题的呈示发出新鲜刺激，使学生产生兴趣，增强兴奋感达到一定心理紧张。其次是启发。在学生的思维处于活跃而无序状态的时候，教师要精心选择一两个重要的关节点点拨，启发学生的思维走向正确的方向。最后总结规律。力求总结出知识问题的最简明的规律，让学生的心理紧张情绪达到有序、和谐、舒缓、平衡。可以说，优秀教

---

① 陈建翔：《有一种美，叫教育》，第237—238页，四川教育出版社，2006年版。

师都是这样的教学创造高手。在许多优秀教师的教学实践中，都能找到这样的教学案例，这里就不做展开了。

科学中的美

这条路起始于毕达哥拉斯学派。数学，数学的秩序，是能用来说明现象的多样性的基本原则。他的门徒之中——而且这是关系到后来的事——专心致力于音乐与数学起了重要的作用。据说，毕达哥拉斯曾经作出了著名的发现：一些长度处于一种简单的数值比的振动的弦，如果在同样的张力之下就会一起发出和谐的声音。这种数值比作为和谐与安全的数学结构在人类历史上无疑是最重大的发现之一。两根弦的和谐一致产生出优美的声音。由于敲打效果产生的不谐和音的干扰，人耳感到不愉快，但是对于谐音，谐调的平和，它就感到美。因此数学关系也是美的源泉。

美，如我们的第一个古代定义所说的，是部分与部分彼此之间以及部分与整体之间固有的协调一致。在这里，部分是个别的音符，整体则是和谐的声音。数学关系因而能把两个原来是彼此独立的部分配合成一个整体，这样就产生了美。在毕达哥拉斯学说中，这个发现促进了一种向全新的思维形式的突破，并且使得万物的终极基础不再被设想为一种感性的物质——比如泰勒斯学说中的水——而是设想为一种理想的形式原则。这就表述了一种后来为一切精密科学提供了基础的基本思想。

于是，对于现象的丰富多彩的多样性的理解，就出现于在其中认出可以用数学语言来表示的统一的形式原则。据此，在可理解的东西和美的东西之间也就建立起一种密切的联系。因为，如果美的东西被理解为部分与部分彼此之间的以及部分与整体之间的谐调一致，而且，在另一方面，如果一切理解只有借助于这种形式上的联系才开始可能做到，那末，对美的东西的体验事实上就等同于对联系的体验，不管这些联系是理解到的或者至少是猜测到的。

沿着这条路，下一步是柏拉图表述了他的理念理论。柏拉图把感觉的物质世界之不完美的模样同数学之完美的形式加以对比；比如说，把星体的不完美的圆周轨道同数学上定义的圆周的完美性加以对比。物质的东西都是理想模样在实在世界中的复本和幻象。此外，正如我们现今一定会被诱惑去继续那样看的，这些理想模样是真实的，因为它们在物质事件中是"主动"的，而且也只限于如此范围内。就这样，柏拉图在这里十分明确地把感官所能接收的物质存在同不能由感官而只能通过心灵的作用才能理解的纯粹理想的存在区别开来了。这个理想存在，为了显现在人的面前，根本不需要人的思想。恰恰相反，它是真实的存在，物质世界和人的思维都不过是它的摹本，正如它们的名称已经表明的那样，人的心灵对于理念的领悟宁可说是一种艺术直觉，一种半直觉的指示而不是理解（力）所传达的一种知识。这是形式的一种回忆，这些形式在这个灵魂存在于地球之前就已经安放于其中了。中心理念是关于美的东西和善的东西的理念，在这个理念之中，神圣的东西变得可见了，一见到它，灵魂的羽翼就开始生长起来。斐德罗篇中有一段话表达了如下思想：灵魂一见到美的东西就感到敬畏而战栗，因为它感到有某种东西在其中被唤起，那不是感官从外部曾经给予它的，而是早已一直安放在深沉的无意识的境域之中。

[选自海森堡：《跨越界限》,《美学文摘》(3)，重庆出版社]

美与科学对美的追求

爱因斯坦的广义相对论，被魏尔称之为推理思维威力的最佳典范，而朗道和栗弗西兹认为，广义相对论大概是现有物理理论中最美的理论。爱因斯坦本人则在他的第一篇论述场论的论文结尾处写道："任何充分理解这个理论的人，都无法逃避它的魔力。"后面，我还将回头讨论这种魔力来自何处，现在我先将海森堡发现量子力学时的感受与爱因斯坦对自己理论的反应作一对照。我们有幸得到海森堡的自述，他写道：

> ……在只与可观测量打交道的原子物理学中，我逐渐明白了在原子物理学中，只有用可观测量才能准确取代玻尔－索末菲的量子条件。很显然，我的这个附加假设已经在这个理论中引进了一个严格限制。然后我注意到，能量守恒原理还没有得到保证。……因此，我集中精力来证明能量守恒定律仍然适用。一天晚上，我就要确定能量表（能量矩阵）中的各项……计算出来的第一项与能量守恒原理相当吻合，我很兴奋，而后我犯了很多计算错误。当最后一个计算结果出现在我面前时，已是凌晨3点了。所有各项均能满足能量守恒原理，于是，我不再怀疑我所计算的那种量子力学了，因为它具有数学上的连贯性与一致性。刚开始，我很惊讶。我感到，透过原子现象的外表，我看到了异常美丽的内部结构；当想到大自然如此慷慨地将珍贵的数学结构展示在我眼前时，我几乎陶醉了。

看了爱因斯坦和海森堡的这些有关自己发现的叙述，再回顾海森堡记下的他和爱因斯坦的一段对话，一定很有意思。海森堡记道：

> 当大自然把我们引向一个前所未见的和异常美丽的数学形式时，我们将不得不相信它们是真的，它们揭示了大自然的奥秘。我这儿提到形式，是指由假说、公理等构成的统一体系。……你一定会同意：大自然突然将各种关系之间几乎令人敬畏的简单性和完备性展示在我们面前时，我们都会感到毫无准备。

海森堡的这些话，与济慈的诗句遥相呼应：

> 美就是真，
>
> 真就是美——这就是
>
> 你所知道的，
>
> 和你应该知道的。

现在我想回到前面罗杰·弗赖提到的问题上，即如何看待一个在美学上令人满意但又认为它不真实的理论。

弗里曼·戴森曾经引用魏尔的话："我的工作总是尽力把真和美统一起来；但当我必须在两者挑选一个时，我通常选择美。"我问戴森，魏尔是否有具体例子说明他的这种选择？戴森说：有。引力规范理论是例子之一。这个理论是魏尔在《空间、时间和物质》一书中提出来的。显然，魏尔曾经承认这个理论作为一个引力理论是不真的；但它显示出的美又使他不愿放弃它，于是为了美的缘故，魏尔没有抛弃这个理论。多年之后，当规范不变性被应用于量子电动力学时，魏尔的直觉被证明是完全正确的。

另一个例子魏尔本人没有提到，但戴森注意到了。二分量中微子相对论性波动方程是魏尔发现的，但由于它破坏了宇称守恒，物理学界有30多年没有重视它。结果，魏尔的直觉再一次被证明是正确的。

因此，我们有根据说，一个具有极强美学敏感性的科学家，他所提出的理论即使开始不那么真，但最终可能是真的。正如济慈很久前所说的那样："想象力认为是美的东西必定是真的，不论它原先是否存在。"

确实，人类心灵最深处感到美的东西能在自然界得以成为现实，这是一个不可思议的事实。

（选自钱德拉塞卡：《莎士比亚、牛顿和贝多芬：不同的创造模式》，湖南科学技术出版社，1995 年版）

第四讲　校园之美

像贝壳那样：建筑之美

有一种说法：建筑学是"夫人艺术"，其他所有艺术都只是侍女。建筑艺术是一门相当专业、高深的学问，绝非我等局外人可以随便置喙；但是，谈论教育之美，如果忽略了校园建筑之美，又不能不说是一个缺憾。校园建筑作为建筑的一种，所有建筑艺术的要求都适合于她，但同时，作为学校建筑，她还应该兼具别样特质，因为这里既是学生求知之处，也是生命成长的重要处所。这就是教育美学之所以关注的缘由所在。因此，本文只想另辟蹊径，撇开校园建筑艺术之类专业话题，从教育审美角度谈些粗浅感悟。

想起了一个非常经典的比喻："人类可以看出一粒贝壳的美丽，但是栖息在贝壳里的生命并没有意识到这一点。贝壳形成这样的形状是为了给壳内的生命提供最佳生存环境。它的'美'绝对是与功能相伴而成……"人们常说，比喻总是跛脚的，但是用这个比喻来形容校园建筑之于学生，几乎是浑然天成的，而且，以这个比喻来说明教育之美，也似乎是天衣无缝完美无缺的。因此这个比喻在之后可能还会再一次出现。

贝壳，在阳光、海浪、沙粒的共同作用下，外观是那么的漂亮：线条柔和，色泽光鲜，是一件无可争议的天然艺术精品，但是贝壳的真正价值在于，给壳内的生命提供一个最佳的生长环境。校园建筑所追求的，就是为一个个生命个体提供成长和发展的最佳空间和最优环境。

在粗糙的斑纹里／是否／看见我精致的内心／以及／澎湃的大海

让孩子在校园里舒适、自由、健康、快乐地生长，这就是校园建筑的全部意义。概括地说，校园建筑应该具有如下一些特质。

1. 功能性

学校建筑首先应该能够满足教育教学活动的诸种要求。《中小学校建筑设计规范》做了详尽而严密的规定。大到一座校园必须要哪些建筑，小到各种不同功能教室窗户的尺寸、墙裙的高度都有严格而明细的规定；在措辞上，有些是"必须"和"严禁"，有些是"应"和"不得"，有些是"宜"和"不宜"，没有半点含糊，也不留一点弹性，体现了在中小学建筑设计上，国家标准制定的规范性和严肃性，也体现出国家对中小学各类建筑功能性的高度重视。功能完善是校园建筑审美的前提和基础。十六世纪德国著名画家丢勒说过："'人类创造出的物品'的形式表征了创造者与该物品的关系，就像是自然物品的形态反映其功能一样，因为发挥功能的水平越高，形态发育也越美。因此，正确表现功能的建筑物一定是美的。"[1] 丢勒的话可以算作建筑功能和建筑美的一个很好的注释。

2. 融合性

融合性首先指校园内各类建筑的和谐。由于学校建筑往往产生在不同历史时期，建筑风格各不相同，甚至有的大相径庭，这就破坏了建筑的整体美感。这就要求后建者应当尊重校园既有建筑的风格式样，注意原有风格的延续；同时，也要因势利导，变拙为工，化腐朽为神奇，尽可能让整座校园形成一个和谐融合的整体。其次，融合性指校园建筑和当地人文背景建筑特色的融合，江南的学校建筑多有精致灵秀之处，西北边陲的校园应该朴质厚

---

① 特奥多·安德列·库克：《生命的曲线》，第 296 页，中国发展出版社，2009 年版。

重。融合性还包括校园建筑和周边环境的和谐统一。学校周边环境以有山有水为最佳，可以借景生辉；次之，远离尘嚣，以清静幽雅取胜；再次之，也得借助人力，以潺潺碧水婆娑绿树营造一方净土。

3. 纵深感

所谓纵深感，是针对校园建筑的物理空间而言。常常见到一些新建的校园，楼房不可谓不雄伟，气势不可谓不宏大，但是总是横平竖直，方方正正，给人以一览无遗的感觉，不能不说是一种审美上的不足，也是置身其间的孩子们生长的缺憾。只要客观条件许可，校园建筑应该呈现出多样性和丰富性。在式样上，教学楼等主体建筑自然应当高大雄伟，但同时也应有一些低回式的别致和婉曲；在布局上，可以有一些长廊，有一些点缀，可以有一些参差和错落；校园应当有水，而且最好是活水；校园里当然应当有高大的乔木绿化带，也应当有一些幽静的角角落落，能够让孩子们在校园里有一些美好的记忆，能够珍藏一些童年的或者是少年的秘密。这些对校园管理者可能无关紧要，可是对于孩子们是重要的。它们会融进孩子们的精神体验，以我自己为例，永远无法忘怀的是，初中毕业前夕，我的团支书和我的入团谈话场景：在校园操场的最南端，一排高大的白杨树下，是一条浅浅的沟壑，冬天，没水，两个十四岁的风华少年，斜躺在暖暖的冬阳下，他一边哼着"十七年风雨狂"的样板戏唱词，一边和我谈心，鼓励我……今天，初中读书时教室里的印象已是一片空白，而那一片高高的白杨树，那一片温暖的冬阳，却一直印在心间。

4. 历史感

所谓历史感，是针对校园建筑的物理时间而言。不同建筑年龄的历史感是不同的。对于一所老校，历史感就是要凸显一个"老"字：老建筑、老字迹、老校牌、老照片……总之，一切能显示学校发展历史的遗迹，一切能突显学校沧桑风貌的物件，都要妥善保护，倍加呵护；需要修缮的，一定要像对待老祖宗留下的珍贵遗产一样，修旧如旧，修旧更旧。这种历史感其实也是一种文化积淀，文化因子就附着在这些"老字号"上。孩子们在这些浸透着历史符号的校园里耳濡目染，就是一种校园文化精神的浸润。

在我生活的这个城市，有一所校园被称为"最中国的学校"，其中成功的最大秘密，就是在校园改造过程中，努力彰显了校园文化，突显了学校的历史感。这座校园的前身是江南织造府，是少年曹雪芹生活过的地方，康熙皇帝下江南，也曾多次在这个织造府里驻跸。蔡元培、费孝通、杨绛等一大批文化名人都与这座园子有关，或曾在这里任教，或曾在这里就读。校园里有座浓荫蔽日的西花园，园中有"来今雨亭"，有著名的"生辰纲"石头堆成的瑞云峰……经过一番精心的修缮，校园成了一座深邃精致的园林，走进校园，即如走进一部深远厚重的史书。

当然，不是每一所学校都具备这样的历史资源，譬如乡村学校，譬如新校。但是，总有一些地方和乡土文化资源可以利用，没有现成的还可以去发掘，只要我们具有这样的文化意识。有这样的一个经典案例：在一个现代化气息十分浓厚的工业园区，新建的校园里有一处面积不小的水塘，其间丛生着一片野生芦苇。于是，有见地的建设者们在校园里保存了这一片水面，当然也保护了这一丛丛野生芦苇，而在校园不远处，一座六千年前的草鞋山遗址被发现。然后，校园里建立了一个颇具规模的湿地博物馆，水面、芦苇成了博物馆的主角。顿时，化腐朽为神奇！这座新校园的历史感油然而生。

让墙壁说话：人文之美

"让校园的墙壁开口说话！"这是几乎每一位教育人都耳熟能详的经典名言，说的是要充分发挥校园环境的育人功能。然而，让校园墙壁说怎样的话以及怎样说话，却是一个颇为讲究的问题。

这些感慨的产生决非无端。

曾在一所学校听课评课。一面初三年级的教室墙壁，赫然张贴着大幅标语：拼搏一阵子，幸福一辈子！耽误一阵子，后悔一辈子！标语传达的信息明白无误，鼓劲的良好动机更是无可非议。但我看了以后，总觉得有些不是滋味。且不说眼前的"拼搏"未必真的能承担这么重的负荷，未来的幸福与否，变数实在太多，尤其是在多元、开放的现代社会；只说这么赤裸裸的功利宣传是否与我们的教育初衷相距甚远，甚至是南辕北辙？鼓励学生刻苦学习天经地义，但是鼓劲的方法应该有很多很多。当我们把眼前的每一节课、每一份作业都同未来的幸福如此紧密地"捆绑"在一起，我们的学习生活还有乐趣可言吗？学生主要是在学校生活成长，日复一日地这样"捆绑"，我们学生的童年还有快乐吗？再说，这样的"捆绑"真的就管用吗？其实，这里的墙壁说的是"恐怖"的话！

在另一所新建的现代化校园里，还在墙壁上见到过这样的标语：走近大师！和大师对话！应该说，这话说得很好，很响亮。"与君一席话，胜读十年书。"我们同学和教师的确应该多和专家、学者乃至大师对话。问题出在下面。在大师的横幅下面，排列着一些来学校作过讲座的人物画像和介绍，而这些"大师"也就是一些普通的专家、学者或者在小圈子里有些影响的所谓名师，有的干脆就是省里某某厅的某某处长。我想，出于礼貌或者调侃，当着面说说"大师"什么的倒也无可厚非，反正现在已经是一个什么都贬值的年代了！但堂而皇之地把他们的画像挂上墙壁，再冠以"大师"的美誉，窃以为就显得不够慎重和严肃了。大师首先是专家，但不是一般的专家，大师必须取得别人难以逾越的成就，必须开一代风气之先。把一般的专家说成大师，这样的结果，会不会让这些毕竟阅历不深的学生觉得这"大师"也没什么了不起，从而失去了对学术、真理以及货真价实的真正大师的一份敬畏？如果这样，那可就得不偿失了。我以为，在社会上，喧嚣、浮躁、眩奇乃至于江湖尚皆属难免的话，至少在校园，是不是还是应该多一点诚朴多一份谦逊多一份平实？博导就说是博导，教授就说是教授，作家就说是作家，这样实事求是地说，对客人也是一种尊重。其实，这里的墙壁说的是"掺水"的话！

当然，更多的还是说得非常精彩的话。

记得我曾任教过的高一（20）班，这个班的墙报给我留下深刻印象。班主任林老师的墙报栏里琳琅满目，全班同学的个性写真，每人一张，一个不少。相片下面缀以"我的格言"之类的五花八门的"语录"，个性飞扬而且魅力十足！不知是不是因为这份墙报的影响，高一（20）班的教室里总是充满一种温馨的氛围：亲切，友好，和谐。每次上课，孩子们总是活跃非常，课堂气氛十分融洽。这里的墙壁说的是"温馨"的话！

在应试教育如火如荼的今天，班主任当然也要树立学习的榜样。在另一个班级，班主任嵇老师在教室里搞了一个"班级之星"专栏：根据学习成绩、学习态度、综合表现等，由班级同学民主推荐"每月一星"。上星的同学可就真的成了"明星"，墙报内容有自我介绍、老师勉励、同学寄语、音容笑貌、我的格言、兴趣爱好等等。尤其是同学寄语，或热情鼓励，或真诚关心，或幽默诙谐……上星的同学会格外努力，没上星的同学会奋起直追。班级呈现出一种你追我赶力争上游的热气腾腾的局面。这里的墙壁说的是"激励"的话！

也曾见过不少颇具个性别具匠心的标语。其一，"今天，你努力了吗？"一个简单的疑问句，多少关怀，多少勉励，多少期待，就都包含其中了。对优生，是鞭策，是激励：你可不要骄傲不要自满啊！对后进生，是鼓舞，是慰勉：别气馁，别灰心，你只要努力就有进步！其二，"高考，你好！"这是写在高三教室的。简洁、鲜明、醒目而且亲切、新鲜！其三，"和同学一起成长。"这是给教师看的。标语分明是向教师传达一种教育理念和情怀：请记住，我们和同学在人格上是平等的，我们是一起学习一起进步的伙伴，可要尊重我们的伙伴啊！显然，这些墙壁说的是富于"启示"的话！

可不可以说一些带有祈使、命令或强制性的话？当然可以，不仅可以，有时甚至必须。在我们学校的体育馆里，墙壁上刷着鲜红的大字标语：每天锻炼一小时，健康工作五十年，幸福生活一辈子！这样的强制和命令语气，显然会让孩子心里产生温暖和感动，油然产生在运动场上龙腾虎跃拼搏一番的激情和豪情！因为，这面墙壁说的是"关心"的话！

其实，有时不"说话"也是一种态度。譬如教室正面的墙壁上，现在一般都是什么也不写，一片洁白悠远，这也挺好，如同绘画中的"留白"，让人有回味的余地。因为即使是温馨、激励、启示、关心的话，说多了，也会让人生烦，如同又碰上了一位爱唠唠叨叨的老妈。

洛克在《教育漫话》中说："如果儿童的精神过于沮丧；如果他们因为管教太严，精神过于颓唐，他们便会失去他们的活力和勤奋。"学校的墙壁究竟应该说怎样的话？是不是可以概括出一些大致的标准，那就是温馨、激励、启发、关心。总之，多说让孩子们奋发向上的话，多说让他们感到温暖亲切受到激励鼓舞的话，而少说或者不说令人沮丧、失望的话，当然，更不要说那些虚假、恐吓让他们颓唐的话。

落叶和蔓草：自然之美

关于校园环境之美，已经有过太多的言说，人们也已有了足够的认识。走进哪所校园，都是一派整洁。因此，校园整洁之美的重要性，似乎可以不必赘言了；但是，又总觉得这样的校园还缺少了点什么？到底是什么？一时也没想清楚。

那天，一个初冬的日子，我应邀去城郊的一所学校参加活动。因为第一次来这里，活动间隙，我便走出会议室到校园里随意走走。校园很大，也很美。教学区，楼房鳞次栉比，屋舍俨然，和所有新建学校校园一样，透露着一种浓郁的现代气息。是的，这里是全国最富裕的地区之一，走进哪所学校，都是如此这般地器宇轩昂，堂皇富丽。

我径直向后边的运动区走去，顺便活动一下筋骨。呵，好大的操场啊！足足有一般城里学校四个运动场那么大，这是城里的学校没法比的。顺着长长的塑胶跑道，我尽情地走了一段。一抬头，操场尽头，竟然还有一片园子，而且，还是一片与众不同的园子。这个园子，有大半个足球场那么大。

园子里有树，有草，却不像我们在校园常见到的那样，树修得整整齐齐，草剪得规规矩矩，如同一排排听话的小学生。这里的几棵大树自然地分布在园子里，草，则可以说是汪洋恣肆，任性地形态各异地挤占着各自的地盘。园子里有砖铺的弯弯曲曲的小路，却被蔓草遮盖个严严实实。我漫步在小路上，恍惚来到了乡村，一股浓郁的田野气息，令我十分亲切自然。是的，这片园子让我感觉与众不同之处，正是它的田野气息！

想起了惠特曼那首很有名的诗歌《有个天天向前走的孩子》：

> 有一个孩子每天向前走去 / 他看见最初的东西，他就变成那东西 / 那东西就变成了他的一部分 / 如果是早开的紫丁香 / 那么它就会变成这个孩子的一部分 / 如果是杂乱的野草，那么它也会变成 / 这个孩子的一部分……

惠特曼的诗歌不是教育著作，但他用诗歌语言演绎出来的教育思想是有道理的。孩子们太容易受环境的影响了，不止是紫丁香和野草，还有那些车辆码头渡口，那些村庄河流阴影光晕和雾霭，那些夕照帆船波涛浪峰，那些彩云霞带苍冥地平线海岸泥土的馥郁……这些都会变成那个孩子的一部分。而且，不同环境熏陶出来的孩子是那么的不同。强调校园的环境优美整洁无疑是对的，因此这些年来，无论是城市还是乡村，学校校园环境总体上有了一个历史性的进步。一方面是资金投入的加大，另一方面是学校管理者对校园环境的重视。但是，面对太过整洁、太过雕琢或者太过现代气息的校园，我却隐隐有一些不安：我们的学校，离自然和生活越来越远了！在孩子们越来越远离田野和自然的今天，在许多现代化气息过于浓厚的今日校园，是很需要一点落叶野草之类的自然物来装饰和点缀的。

您可千万别嘲笑我是矫情或者诗意泛滥。教育常识告诉我们，学校，无论是乡村还是城市，都不应该脱离田野气息。田野气息，就是自然，朴素，平易，静谧，幽远，令人亲切，温暖，因为这里是年轻生命发育成长的地方，是生命起航的港湾和锚地，她和大自然应该有着天然的联系。这种联系的全部依据就是：人，也是自然之子！如果说，人猿揖别时，人类的童年期是与洪荒原野相伴而来，那么，在人类的历史记忆中，这种烙印已经打上了血脉深处无法抹掉。所以，孩子天然地需要自然；所以，学校有责任尽可能拉近学生和大自然的距离。崔卫平在回忆下乡插队生活时说过："那个感受对一个人的成长真的很重要。以前的感官都是封闭的，到了乡下以后全部打开。所以，土地比书籍更能够改变一个人。"

这当然是艺术家的语言，有夸张的成分。但以我语文教学的经历和体验早就发现，文言文的许多词义，调动乡村生活经验来理解要容易得多。我想，这大概与我们的文化原本就是农耕文化有关吧，我们的语言和文字最初可都是从土地里生长出来的！

现在，受时间限制，除了一年一度的春游秋游之外，城市学校不可能经常把学生带到大自然中，那么，在校园环境的布局上，是不是应该力求因地制宜地做些努力呢？我们的古人是很懂得这个道理的。中国古代的著名书院，往往选择建在名山大川之间。湖南衡阳石鼓书院，位于湖南省衡阳市北石鼓山下，山峻峭耸拔，地势险要，湘水、蒸水、耒河交会而过，风景宜人，蔚为壮观。江西庐山白鹿洞书院，位于庐山五老峰南麓后屏山下，西有左翼，南有卓尔，三山环合，一水中流，无市井之喧，有泉石之胜。湖南长沙岳麓书院，位于湖南长沙南岳七十二峰最末一峰的岳麓山脚，抱黄洞下，寺庵林立，幽雅静僻。河南登封嵩阳书院，也是位于嵩山南麓，背靠峻极峰，面对双溪河。据说，外国的很多学校都建在远离都市的小镇。其原委，也无非是相中了小镇的田野气息。

今天的孩子们，是无福消受古代书院的那种来自大地深处的自然气息了，但是，作为学校的建设者们，仍然应当有亲近自然、返朴归真的情怀和眼界。譬如，在规划校区的时候，如果条件允许，能不能优先考虑有山有水的环境，或者把山头、小河直接纳入校区？（譬如有的校园直接让山溪流进校园）退一步想，能不能因地制宜，尽可能地让校园多一些绿色？（譬如有的校园从建校之初，就刻意保留一些自然湿地，让学生在校园里经常能看到芦苇和白鹭）在运动区和活动区，可否不必把树木花草修剪得如同园林一样地整齐、标准，而让它们有一点天然的野趣和随意？在保持校园环境或者是办公区域大体整洁的前提下，可否允许校园小路上有一些落叶而让孩子们体会什么叫窸窸窣窣的感觉，而不是把落叶视作纸屑一样不可容忍，需要即时清扫？譬如，在落雪的日子里，可否在不影响安全的情况下，不要急急忙忙地清除主干道之外的积雪，而是让孩子们在课间午后，能打打雪仗，或者对着渐渐消融的雪痕，呆呆端详上几回……其实，只要认同孩子才是校园真正的主人，只要把学生当作成长中的孩子，只要明白儿童都有好奇、顽皮、亲近自然的天性，那么，诸如此类的许多问题，都会有一个圆满的解答。看来，问题的关键还是主校政者思考问题的立足点，是站在孩子的立场还是成人的立场，是学生本位还是"官本位"，是由此演绎出来的面子本位或政绩本位？

本文写出后不久，就在我为自己的观点是否合适而忐忑不安没有最终定稿之时，在我居住的城市苏州即出台规定：在城市的几条干道上划出落叶观赏区。我上班的必经之路道前街即是其中之一。秋天的早晨，踏着一地厚而金黄的叶子，其美妙的感觉真是惬意极了。网上有一幅照片被反复转载，那是在位于瑞士日内瓦市郊的伏尔泰城堡，一对来自马其顿的父女在落叶中玩耍，孩子躺在金黄的落叶上，几乎整个人都陷入松软的叶子中，站在一旁的父亲则欣喜而陶醉……

我在想，什么是教育？有时，也许教育就是要回归常识。朴素些，自然些，反而离教育本质要近些。

符号或寓言：文化之美

教育，也是一种生态，甚至也是一种气场。校园文化建设，忌讳千篇一律、千校一面，而是要找到一个适切的文化符号，建设独特的校园文化气场。这个符号，可以是一株树，一株千年老树；可以是一个亭子，一个饱经沧桑的亭子；可以是一片芦花飘絮的湿地，或者一座流水潺潺、郁郁葱葱被收编进校园的山峰……当然，不是每一座校园都有这么一棵饱经沧桑的树或者花，亭子或者水，但是，每所学校都可以而且应当挖掘并且建设各具特色和意蕴的校园文化符号，精心经营，悉心呵护，倾心建设，让它成为校园的文化符号，成为生长在师生心灵中的校园代码。岁月总在流逝，校园永远不老，终于，她甚至成为寄托和凝集师生对母校情感的文化图腾。

让我们一起分享一个经典案例吧！

校园里有一株千年紫藤。

苍老遒劲的枝干，像一个饱经沧桑的老人；婆娑繁密的枝叶，浓阴蔽日。整个一座半爿篮球场大的院子，紫藤是当然的主人，巍巍然占得满满，还把末梢伸向四周的古建筑上。多少年寒来暑往，冬去春又来，紫藤兀自守着这座四合院，不说孤单，也不言寂寞，只默默地蓄积、积淀，养在深闺，然后在每年暮春四月，悄然绽放一树紫色，淡淡的清香溢满校园，醉了无数少年，以及不是少年的人们……

转眼，到了一个特殊的年头。100年前，古城第一所公办体制的新式学堂诞生了，校址就是千年紫藤在的这个地方。100年来，一茬茬学子从紫藤下走过，脚步匆匆，然后，若干年后，就会从远远近近传来捷报，著名的文学家、教育家、历史学家、版本目录学家、画家、科学院士、工程院士，一个个威名赫赫的名字。也许，是100年大庆这个非常数字触发了人们的灵感；也许，是紫藤年年岁岁的从容淡定引发了人们的遐思；也许，是紫藤将近1000年的性灵修炼，让她到了横空出世的时候……总之，筹备百年校庆的日子里，有心的主校政的人们想起了这棵藏在深闺的紫藤，如同发现了一枚古老化石。于是，千年紫藤一跃而为校庆的重要角色。

首先，是让她"走"出闺房。原来是一个封闭的四合院。现在，拆掉南面的几间房屋，腾出宽敞的空间，建一个敞亮的大门，门楣上请书法名家题着"紫龙藤"三个苍劲有力的大字。再为她搭建一个坚固的金属支架，代替原来摇摇欲坠的木质支架。接着，修葺院落，院子古色古香，和古老的紫藤相互映衬，相得益彰。课前午后，常有学生在这里流连，或在廊下的椅子上读书。

其次，是以紫藤命名的系列校庆活动。"紫藤诗会"，"紫藤歌会"，"紫藤（画家）雅集"，"紫藤悠悠"的校友征文，"紫藤论坛"，"紫藤剪插栽植"仪式……一时间，紫藤几乎成了学校百年校庆的品牌项目。甚至，也是从紫藤下走出去的影视明星，还参与创作了一首名为《紫藤花》的校园歌曲。在校庆晚会上，由这位明星校友亲自演唱后，一时风靡整个校园。

校庆结束了，以"紫藤"命名的校园文化活动却成为校园文化的保留节目。每年四月，紫藤花开的日子里，这里会举行以紫藤为题材的各种活动。

在校园，还流传着一个神奇的传说。据说，有一个早就引起人们关注并且屡试不爽的现象：只要那一年春天的紫藤花开得特别旺盛，那一年的高考成绩一定是十分辉煌。人们可以扳着手指头跟你说，某一年，花开两季，那一年的高考创造出从未有过的好成绩。我喜欢这个传说。因为这个传说与校园文化建设有关。与其说紫藤有什么神奇的征兆或者什么功能，毋宁说紫藤是校园文化的一种符号、一个代码、一脉文化信息。校园的文化氛围浓郁，文化气场强烈，素质教育活动红红火火，那么学校人才辈出，兴旺发达，那就是水到渠成的事。

经 典 话 语

天才的培育

那些历史上的天才人物与"一般人"的差异不是遗传的问题，那些天才并不是生来就是天才。人人在出生时都拥有巨大的潜能，但当代生活的悲剧之一是，大多数人天生的潜能蛰伏了，没有得到开发。

这种悲惨的现实状态使我意识到，那些被我们看作是天才的人，是因为发展了"观察"的方法，才使他们能用敏锐的洞察力和理解力去把握身边真实的自然界，而另一方面大多数人只是停留在"观察"的表面。他们满足于掌握第二手的信息，而从不会发展与自然界直接面对面联系的能力。由此，他们的生命受阻了，他们伟大的潜能没有得到挑战也没有变成现实，这对他们、对世界来说都是一个巨大的损失。

那么，还有什么能够比这——探索如何通过有计划教育过程才能使人们更深刻地理解生命，理解对一个满足而有益的人生如此重要的自然界——更加重要的呢？这个认识使我发现地理学是规划孩子们教育经历的主要焦点，它能培养孩子们自然地、较深层地发现世界和了解世界的方法。尽管我们并不否定书本知识和第二手材料在学习上的地位和重要性，但是我坚持认为孩子们只有通过直接、主动与自然界进行接触，才能发掘出全部潜能。这是我们在制订教育计划时永远不能忽略的一个基本原则，也是一把挖掘和培养孩子们内在巨大潜能的钥匙。

由自然环境、家庭环境和邻居或部落环境组成的，离孩子们最近的地理群落，不但应该成为孩子们学习的环境，而且也应该成为孩子们学习的全部课程。全世界和整个地球自身的任何方面，都能在孩子们身边的小世界里得到反映，无论它位于何处。

※　　※　　※

如果我们认真思考，会发现在故乡这样小的范围内也能观察到整个宇宙的方方面面。而且因为故乡是我们居住、行走、视听和获得认知的地方，也是我们进行观察的地方，使我们可以直接地观察到任何事物。因此，我们有可能通过发现足够的实例，哪怕是在最偏僻的部落或山村发现的实例，来解释充满极其复杂现象的整个自然界。

我们周围充满了丰富的事例和信息，但令人震惊的是，如此多的人特别是教师，忽略了这种基本又意义深远的观察法，而只坚持死记书本知识。他们阅读，然后忘记，再读再忘，读过又忘，忘了又读……如此循环。最后他们厌倦了这种阅读、死记和遗忘的循环学习法——或许开始意识到这是浪费时间和精力——而把责任推到地理学本身。

这可能有助于我们通过我此时正思考的原则，来认识那些已经为理解人类及其文化作出了永久贡献，并被我们所尊重的伟人和名人。比如说，现代伟大的动物学家吉恩·路易斯·阿葛萨兹，孩提时代在他的祖国——瑞士的湖泊钓鱼时有了一个重要的发现；据说诗歌之父但丁在中年时，从未离开过他的家乡一步，但他对身边的任何细节都了如指掌；与此类似，彼得大帝据说是在故乡的山川玩耍时获得了使他后来成为一名英雄的素质。

……我上面引用的这些"天才"，他们仅仅通过他们身边的世界和自然界中令人惊奇的事物进行直接观察，来磨炼他们的洞察力使之达到一个高度。

（选自牧口常三郎：《人生地理学》，复旦大学出版社，2004年版）

建筑的诗意

建筑科学是人类思想最高贵的创造物之一，并且完全是思想的产物。它不仅仅是由法则和圆规构成的科学，不是存在于对定理和比例的观测中：它是，或者应该是，感觉多于规则的科学，对思想的作用超过眼睛。想想建筑物的崇高与壮美，取决于迎合视觉偏见的程度，远少于引发思想中思考的深度，那么要树立起一座宏伟的建筑，无疑会涉及错综复杂的感受。它会证实这样的判断，尽管乍看起来可能有点吓人：建筑师都是形而上学家。

※　　※　　※

建筑一定不能是一个孤立的存在，不能只考虑自身，它必须是均衡整体的有机组成部分：它甚至绝对不能一览无余。见到一端的人应该觉得，根据既有信息，他无法推测出另外一端的模样，但能感到它与世间万物无论动静、无论有声或无声的协调一致之美。

（选自约翰·罗斯金：《建筑的诗意》，山东画报出版社，2014年版）

有灵魂的校舍

在茶之水的骏河台附近，曾经被称为东京的"巴黎塞纳河边拉丁区"，面向七叶树街道的漂亮的咖啡馆等等，总让人觉得漂浮着巴黎的影像。现在虽然建造了高层大厦，失去了那种氛围，但是，如果你伫立在其中一角的法语学校法兰西中学的前面，就会不知不觉勾起你随往时的回忆。

约30年前，作为大学生的我，因为憧憬柯布西耶的国家法国，所以在这个学校读过书。另外还有另一个理由，那就是我非常想沉浸在那个出类拔萃的给人以震撼的校舍氛围里。

学校的设计由柯布西耶的弟子吉坂隆正先生担任，吉坂先生归国后作为早稻田大学的老师，培育了许多的建筑家。令人惋惜的是，吉坂先生现已作古，但是他的思想却通过弟子们至今还在流传。吉坂流的建筑特征是，不受旧观念的影响，把一个一个的形状都追溯到其根源，探讨之后再决定，这个法兰西中学的设计就是如此，乍一看，我们会找出这里那里看不惯的地方，但是，越是挑剔，它越是与周围的环境融为一体，并且，其形状中却隐藏着深深的思想。

（选自松永安光：《世界著名建筑100例》，中国建筑工业出版社，2005年版）

古代书院的建筑

书院建筑，历来重视环境的选择。大多择山林胜地，既避战乱，又免世俗干扰，以利隐居读书，潜心治学。

书院的选址，特别看重环境本身所产生的教育作用：既重自然山水景观，之陶冶人心；又重人文历史环境，之启迪思想。因此，风景名胜区，多有书院建筑。或山上台地，或山谷坡地，或山麓平地，都可成为书院建筑的场所。尤其南方景色优美，山清水秀，若依山傍水，山环水绕，更是书院的理想境界。

书院充分利用自然地形条件，因地制宜，依山就势，或纵深布局，或横向展开，灵活多样，尤重背山面水，山环水绕之势；建筑以院落或天井组合有序，层层叠叠，高低错落，与自然环境、庭院绿化有机结合，融为一体。书院呈现出朴实、典雅的地方风貌，构成当地特有的一处重要文化景观。

书院因重视山水环境给人的影响，讲究景观庭院建设，大都利用院内外自然条件构筑庭池园林景物，自成佳境，提供息游场所；闲暇时师生共游观赏，随感而发，交流思想，探讨学术，成为书院的第二课堂，更是书院突出的传统特色。

书院建筑还运用亭、廊、桥、坊、洞门、花窗，以及庭院绿化等，进行分隔和联系，更增添空间变化的幽深情趣。

书院建筑不尚华丽装饰，力求朴实简洁，并通过嵌碑立石、命名题额、匾联书法等，创造其斯文典雅的境界；给人以深刻的感染力，发挥其潜移默化的教育作用。

（选自杨慎初：《中国书院文化与建筑》，湖北教育出版社，2002 年版）

第五讲　生命之美

教育的诗性

多年前，著名作家梁晓声曾写过一篇《论教育的诗性》，那是一篇令我们教育工作者脸红的文章，之所以脸红，就在于对教育本质如此深刻的认识却出于一位非教育人士之手。且允许我摘录文中的若干句子——

一向觉得，教育二字，乃具诗性的词。它使人最直接联想到的词是——母校、学生时代、师恩、同窗。还有一个词是同桌——温馨得有点儿妙曼，牵扯着情谊融融的回忆。

学校是教育事业的实体。学生将自己毕业的学校称为母校，其终生的感念，由一个母字表达得淋漓尽致。学生与教育这一特殊事业之间的诗性关系，无须赘言。

没有学生时代的人生是严重缺失的人生，正如没有爱的人生一样。

教育二字，令我们视而目肃，读而声庄，书而神端，谈而切切复切切。

对于每一个具体的人，左右其人生轨迹的因素尽管多种多样，然而凝聚住其人生元气不散的却几乎只有一件事情，那就是教育的作用和——恩泽。

之所以不厌其烦地引用梁晓声的原话，乃因为在当下诸多描述教育的文字中，我们依然找不出对教育有更深更好的理解和表述。梁晓声的话绝不是出于作家的夸张和矫情，而是凭借个人的直觉和经验，对教育作出的感性诠释；在这种美好而感性的文学语言背后，有着坚实而深刻的理性支撑，那就是教育理应富有诗意，充满诗性，走向美。文学家的感悟和思想史上的先贤们的思想是一致的：教育所要培养的，就是美的生命。因之，呈现在教育活动和教育过程中的，就应当是生命之美！教育之所以蕴含深厚的诗性，概源于此。

生命之美在于和谐。亚里士多德关于教育的一个最重要的见解，就是认为人的身心是一个有机整体，固有和谐的天性和需要应当通过教育得到满足。为此，他高度重视体育、音乐之类能够促进人的身心和谐发展的活动。他认为，人与音乐的亲和，是灵魂的一种调谐。诗歌的起源之一，便是人的"和谐与节奏"的天性。和谐的天性要求和谐的教育。他认为，人的身体成长早于心灵的成长，而在心灵中，情欲的需要又先发生于理性的需要。因此，他提出人的教育须从体育开始，继之德育，最后到智育这样一个依次发展的序列。他主张灵魂中的各种能力都应当得到适当的发展，强调人的天性、习惯和理性都必须求得相互间的和谐。①

席勒不是教育家，但他为我们揭示出一条生命之美与教育的内在本质联系的通幽曲径。席勒的美育思想核心也是促进人的身心和谐，他认为，"要使感性的人成为理性的人，除了首先使他成为审美的人，没有其他途径。"他强调审美对于人性形成的影响力，主张让艺术充当人的心灵成长的自然导师，认为审美教育是实现人的自由本性的完美和整个社会和谐发展。②

让生命身心和谐的路径，不止是音乐、美术、体育等等丰富多彩的活动，也在于知识教学的课堂，更在于知识教学和各种实践活动的结合，这是容易让人们忽略的问题。著名教育家苏霍姆林斯基注意到了这个问题，毕

---

① 陈建翔：《有一种美，叫教育》，第 25 页，四川教育出版社，2006 年版。
② 蒋冰海：《美育学导论》，第 41 页，上海人民出版社，1990 年版。

竟，这位教育家有着三十多年一线教育教学的经验，有着几乎一生却没有离开过的巴甫雷什中学，以及自己朝夕耕耘的课堂。这种经历和体认不是每一位教育家都拥有的。苏霍姆林斯基认为，学生不愿意学习，把学习当成苦差和沉重的负担，或者道德不健全、情感冷漠、思维迟钝等发展上的畸形表现，都是非和谐的教育带来的产物。非和谐的教育把德育、智育、体育、美育和劳动教育截然分割开来，进行着非此即彼的片面化训练，并把全部教育统一于知识的传授上，使人的精神生活被局限在"上课、掌握知识、评分"这一狭窄的领域，把人这个整体分割成了局部和片段，被强化的部分只感到过度压迫的痛苦，未被强化的部分则在沉睡中泯灭固有天赋。学生无法全面地表现自己，他就谈不上全面和谐的发展。

俄国教育家乌申斯基说："我们抱着一个坚定的信念：教育这一门伟大的艺术刚刚才开始，我们站在这门艺术的门口，尚未升堂入室，并且一直到现在人们对于教育还没有给予应有的注意。"教育这一门伟大的艺术究竟"伟大"在何处？要义和秘诀就在于，教育是在和人打交道，是和人的成长活动联结在一起。学校的每一项活动，教师的每一节课、每一个瞬间，同学的每一回交往，甚至校园的每一处风物……都会不知不觉地融入孩子和少年的生命记忆，成为成长旅程中不可重复无法复制一去不返的"风景"。你无法说清是哪片阳光，哪次雨露，哪回风霜和雷电成就了一棵大树的年轮，但是，你无法否认，年轮是大树最深刻最鲜明最有依据的生命记忆、发育过程和成长密码，而我们学校教育活动的一切，包括宏大叙事也包括细枝末节，就是那阳光、雨露、风霜和雷电！耳濡目染，潜移默化，生命就这样一天天地拔节、抽穗、灌浆、饱满直至成熟。所以，当他们有一天蓦然回首，才会发现，学校、老师、同学原来给了自己那么多成长的养分；学校就是他们精神发育、生命成长的母体。于是，所有的感激和敬爱凝结成最美好的元音"母"进而组成最美好的词"母校"。而我们老师，总是和母校血肉相连。正是一个个老师的具体形象，叠加成了母校的形象。

教育呼唤诗意。教育的本质是诗性的。孩子走进校园，是为了更好地成长和发展。中小学生正值人生最美好的时光，也是一生中最重要的发展阶段。生理、心理走向成熟，对人生、对世界的看法也正在逐步形成。学校和社会有责任让他们多沐浴一些阳光，多感受一些温暖，多享受一些诗意。课堂多一些鼓励，课外多一些笑声；多接触社会，多走近自然；科学的智慧，艺术的雨露……这些都是青少年成长不可或缺的营养，都会对他们的未来产生无法估量的影响。当然，我们并不赞成一味的"愉快学习"。学习，也应该刻苦，应该付出艰辛，应该经受高难度思维的挑战和锤炼。但刻苦和艰辛绝不是用"名次"来刺激，挑战和锤炼也绝不是心灵的煎熬。这里，就有一个深刻理解教育真谛的问题。素质教育不是不要质量，关键是什么样的质量和如何获得高质量。文化成绩可以体现质量，但不是质量的全部。靠摧残师生身心健康得来的分数，如同牺牲环境换取 GDP 一样得不偿失。管理应该多关注教育教学过程。学生知识的生成、能力的习得过程、个性的发展、精神的建构，都是需要管理者悉心关注的。从根本上说，诗意匮乏的校园是不利于孩子成长和发展的。人格扭曲，心灵畸形，往往会为未来的发展埋下隐患，现实也已经一次次地敲响警钟！

生命之美在于生长。凡是扭曲生命成长的，即与教育规律相悖。生物学家的研究结论告诉我们，世界上很多生物的生命状态都是螺旋形呈现，他们生命的秘密即在这螺旋形之中：

> 螺旋形，作为一种想象的概念，其主要的美在于总是在生长，而且从来不会重叠覆盖，因此，它不仅解释了过去，而且预示着未来。它在定义和说明已经发生过的事情的时候，也同时不断引导人们去进行新的探索。因此，这就是大自然始终贡献给最忠心情人的"永不衰竭的惊人的美"……①

---

① 特奥多·安德列·库克：《生命的曲线》，第 307 页，中国发展出版社，2009 年版。

这是为什么？因为植物的叶子按照螺旋形的方向生长，就不会发生两片叶子准确重叠的现象，而这也正是生命最理想的状态。按照这样角度排列的叶子，其相互重叠的几率最低，获得光线的几率最高。大自然也深蕴着生命的秘密，成长的秘密。我们的教育，难道不是这样吗？

这就是教育的诗性。这才是教育的诗性！教育诗性植根的土壤，正是源于健康和谐的生命之美。我们建立教育美学最根本的旨趣也就是让教育成就生命之美！

警惕教育的"异化"

十多年前，南方一家在全国有很大影响力的报纸曾报道说，某所全国高考名校的毕业生，在网上发"帖子"，列举了大量事实，称自己的母校为"美丽的人间地狱"，并且，这个显然有些偏激的"帖子"还赢来了很多同学的呼应。母校成为"地狱"，教育的诗性和诗意，当然早就荡然无存，还有生命之美可言？此事在社会上闹得沸沸扬扬，而我们的教育却一直装聋作哑，充耳不闻。是不是因为这其实是个很普遍的现象，人人心知肚明，心照不宣？

其实，这是一个危险的信号。教育生态环境的恶化，是一个不能不引起重视的问题。教育本该充满诗意，教师的劳动本该充满创造，学生的学习本该充满乐趣，可现实呢？是学生把学习当作劳役，像一首校园歌谣唱的："我成了世界上最苦的人……"

今天再读这段文字，仍然能感受到当年的那一股激情和意气，同时也多了一份理性和平和。客观地说，教育生活中存在的许多"伪教育"现象，其中很多却是历史行程中的必然。我们还处在现代化的初级阶段，大多家长们还指望孩子通过高考竞争跳出"农门"，不少孩子也正是在激烈的升学竞争中找到社会阶层的上升通道从而改变命运，一味地对违背素质教育的现象作"愤青式"谴责，其实并不全面和公正，也无济于事。教育改革和社会改革甚至与政治体制改革息息相关。在体制性障碍消除之前，这种现象无法根本改变。但是，即便如此，在现实的既定背景之下，我们每一个人其实都有自己的努力空间。而愿意并且能够作出这种努力的前提，就是要对教育"异化"抱有足够的警惕。

"异化"本是哲学概念。学术上的是是非非，这里且不去展开讨论，这里只是借用这一概念来概括当下教育的种种问题和弊端。教育的逻辑起点是人的发展。当教育不能或者没有为人的全面、充分、和谐发展提供帮助，相反，对人的发展形成了制约，甚至造成了伤害，出现人们常说的"伪教育"、"反教育"，此即教育的一种"异化"。试分述之。如前所说，当学生对母校之培育之恩不再深怀感激，而是名之以"美丽的人间地狱"，此即学校和学生关系的一种"异化"；当教学不是增进学生对未知世界的好奇、兴趣，知识不能为学生带来学习的快乐，而是堕落为考试机器，以致在毕业之际，纷纷把教科书作业簿等凡是与学习有关的物品撕掉烧掉，如同对鸦片毒品一样同仇敌忾，此即学习的一种"异化"；当教师不是在教育教学活动中感受劳动的快乐和创造的幸福，而是成为机械冷漠的知识搬运工，此即教师职业劳动的一种"异化"；当学校管理者不是深入探求教育教学规律和人的成长规律，而是将复杂的教育管理艺术简化为冷冰冰的升学数字和计算到小数点后两位的考试分数，此即教育管理的一种"异化"……凡此种种，不一而足。

"异化"与"美"是矛盾的双方。两者最本质的差异在于：美的形式体现了对规律的自由运用，异化的形式则表现出对规律的悖谬。教育"异化"即是对教育规律的反动，是对人的和谐发展的一种撕裂。其根本原因有二：一是和社会体制紧密相关的教育管理体制。各级管理者只是对上负责，升学数字和管理者的"乌纱帽"密切相关，各种违背教育规律的事情就会层出不穷；二是对教育教学规律认识不深，把握不透，这是包括教师和管理者在内的全体教育工作者人人有份的事。由此，对策也就两条。

其一，教育，必须开展深层次的机制体制改革。目前教育出现的种种问题，我们认为，根源在管理体制。从教育体制到管理机制，从教育理念到教育思想，从考试模式到评价机制，都需要用改革的精神去探索，用科学发展观的思想去统领。教育要可持续发展，最重要的是要建立科学的管理体制和机制。如同经济工作中政府的"缺位"、"越位"、"错位"一样，目前，最为突出的是教育行政部门对学校管理的"缺位"、"越位"和"错位"。"缺位"就是不到位，表现在没有真正把全面贯彻国家教育方针和各项教育法规的工作管起来。"越位"就是把学校当作行政部门来管理，该管的没有管起来，不该管的管了一大堆。"错位"就是评估机制不健全，评估标准不全面（或者表面全面实则片面），眼睛总是一味盯着"升学率"（以及"升学率"之外能够带来领导青睐的各种"工程"）。其后果必然是急功近利，影响人才的整体素质，影响教育的持续健康发展。政府必须强化教育督导，规范教育行为。以教育方针为准绳，纠正加班加点、作业负担过重、乱补课、不按计划开设课程、以考试成绩衡量校长奖惩教师等明显违反教育规律的行为。其实，对当前教育的众多弊端，有识之士早就提出批评，教育部门的领导和教师也都有切肤之痛。那么，为什么教育积弊却依然故我，甚至愈演愈烈呢？我以为，这里面大概还有个政绩观问题。教育行政部门领导到底应该树立怎样的政绩观？是要急功近利的"繁荣"数字，还是应该首先对广大学生终身的发展和幸福负责？与此相关的还有校长的"身份"问题？校长到底应该是某级别的行政官员，还是应该是一个职业教育家？我认为，如果有了正确的政绩观，如果是一个有着自觉意识的教育家群体在管理学校，如果用科学发展观去指导教育工作，这些问题都不难解决。

其二，大力倡导和建设教育美学，这是一种提升教育境界的深度救赎。一切教育教学活动必须既符合"目的性"，又符合"规律性"。如有些教育学者所说：不仅要加工教育内容，使用作教育手段的人类文化，不再"是一种无生命的干瘪的抽象结果的形态"，而是要能成为学生主动操作、建构的对象，要能渗入学生自己的"主观状态"，变成学生内在的精神财富和发展源泉；同时要创造美的教学形式"移交"自己的主体地位，让学生成为学习主体，此时，学习活动成为学生和谐活动的统一体。在这样一种和谐的教育活动中，才有美的教育产品出现。在这样的教育活动中，教师的劳动、学生的学习都表现出"目的性"和"规律性"的统一，真和善的统一，呈现出教育的诗性品质。教育学者用缜密的逻辑和理性的语言，描绘出一种令人神往的教育境界——教育美。①基础教育中出现违背教育规律甚至是反教育的现象，原因是多方面的。但如果撇开管理体制这些社会性体制性因素，仅从教育教学自身来探寻，那就是对教育美也即是人的成长规律的忽视。教育专家学者研究得不够，一线实践者也就难免缺乏教育美的理论素养。于是，在相当一些人那里，教学仅仅是知识的传递，教育仅仅是升学的数字，教师职业仅仅是谋生的饭碗。因此，技术代替了艺术，制造代替了创造，焦虑代替了快乐。人，这个教育的全部对象，同时也是教育学的全部出发点和旨归不见了！学生、教师、管理者都被一只无形的手操纵着，生活在背离教育精神和缺乏教育幸福的困窘之中。

毕竟，有一个清晰的目标可以为之努力，可以让我们感受到置身其中的教育现实的欠缺和遗憾。这就是教育之美！

童年，人生已经开始

2011 年新年伊始，一则关于中国"虎妈"的新闻扑面而来。请看《中国青年报》题为"中国'虎妈'震惊世界"的报道：

蔡美儿（Amy Chua），来自菲律宾的华人，现居美国，任耶鲁大学法学院教授，还是一名作家。最近，她还成了世界上最受争议的母亲，美国媒体称之为"虎妈"。

1 月 8 日，《华尔街日报》刊登了蔡美儿撰写的一篇题为"中国母亲为何更胜一筹"的文章，谈论自己如何管教孩子。蔡美儿从不允许她

---

① 陈建翔：《有一种美，叫教育》，第 94 页，四川教育出版社，2006 年版。

的两个孩子出去玩或看电视，还要求学习成绩绝不能低于 A。两个孩子要在严密监督下练习蔡美儿为她们选择的乐器（钢琴和小提琴），一次练琴的时间就长达几个小时。如果不从，蔡美儿便会严加管教。

文章由此在全球引发了一场激烈辩论，人们对此反应不一，有贬有褒。事实上，这样的"虎妈"的确是一部分中国家长的缩影，也是一部分中国教育现状的写照。不同的是，一个说了，更多的是只做不说。理由其实不能说不充分，就是某校教室前面标语所宣示的内容：辛苦一阵子，幸福一辈子。

孩子今天的学习和将来的关系，到底何在？

对此，大约有三种说法。其一，今天刻苦学习，为将来幸福生活奋力一搏。其二，基础教育影响孩子一生，中小学要为学生的一生发展奠思想之基、心理之基、品质之基、人格之基。其三，孩子进入学校，不仅是为未来奠基，而且从学习生活起步之时，就已经开始过上一种生活。童年，人生已经开始！三种不同的理解，会让孩子处于不同的学习状态。第一种理解，可能只关心孩子的学习，能帮助孩子考上好学校，就达到目的；第二种理解，可能在关心学习之外，更要着眼长远，全面关心学生的成长进步；第三种理解，则不仅关心眼前的学习和将来的发展，而且也关心当下的学习状态乃至生活状态。

承认人生从童年就已经开始，就意味着在教育生活中，就要承认学生的主体地位，尊重学生的主体感受。学生也和教育者一样有思维、情感、意志，有自己的自由，有自己的价值判断。学生只有成为教育实践活动的主体，才有创造的意识和自由，才能成为实践活动的主人，即所谓让学生过一种幸福完整的学习生活是也。

学生主体的形成步履，贯穿于教育活动的全部过程。

首先，在教育活动的主阵地课堂教学中，学生应成为学习活动的主体。学生以一个积极参与者的姿态，投入知识建构的过程。此时，学生和教师是一对亲密的合作伙伴，共同参与对教学内容的加工劳动过程，吸纳知识，内化素质，饥渴的心灵得到极大满足，主体的能量得到极大释放，学生处于极大的成功感和愉悦感之中。当然，前提条件是，教师要确立学生是一个独立的"人"的地位，把学生当作活生生的生命体。教师要树立合作学习思想，把学生当作学习伙伴和成长发展中的人。要在加工知识建构学习的同时，重视知识本身蕴含的濡养人格、滋润心灵的因素，要让知识保有生命的体温，保有感情的润泽。

其次，在课外教育活动中，学生成为活动的主体，呈现出完全不同于课堂的色彩斑斓个性飞扬的状态。课外活动的设计要尊重学生的个性和年龄特点。尊重学生身心发展规律、生命成长规律，搭建平台，拓宽空间，营造氛围，激发活力，鼓励创造，为学生的个性发展、人格发育创造条件。在丰富多彩的课外教育活动中，学生会呈现出生命主体的内在力量：飞扬的个性，生命的活力，可爱的品性，稚嫩的创造力等比课堂上更加动人和强烈的生命活力。

其实，这样的思想如一根红线，一直贯穿于中外教育家的思想长河。翻开教育经典，尊重儿童，把孩子当作人的字眼比比皆是，灿若群星。洛克在《教育漫话》中提出要保护儿童的精神，让其安易、活泼、自由，不要让儿童精神过于沮丧、颓唐；对儿童要多鼓励、奖励，谨慎地避免鞭挞和呵斥。《童年的秘密》作者蒙台梭利认为，童年构成了人生中最重要的一部分，因为一个人是在他的早期就形成的，童年的幸福感直接影响一生的幸福。可学校和家长却在许多冠冕堂皇的理由之下，违背儿童的天性，扼杀儿童的生命活力。成年人必须组织起来，保卫孩子的童年。十五世纪的中国教育家王守仁，主张教育要重视德行的培养，重视音乐的熏陶，重视体育的锻炼，重视保有儿童性情和个性自由，让其自由生长。稍后，李贽大声疾呼，提倡"童心说"，要抱有人生来所具有，未被世俗以及各种思想、学说所熏染的"本心"、"真心"，也就是天生的那颗"自然之心"，批判矛头直指宋明程朱理学，推崇人性天赋自然……不知从什么时候起，人在教育中被异化成了"工具"；也许，一部教育史，就这样一直在这种人性的"异化"与反"异化"中花开花落，云卷云舒。当智者的思想成为空谷足音，当大师远离我们而去，我们的儿童没有了童年，我们的学生成了世界上最苦最累的人；于是，我们不得不再一次呼喊：救救孩子！给孩子一个幸福的童年！于是，学生主体再一次成为人们喋喋不休的话题。

学生在教育实践中主体地位的获得，不应该是谁的恩赐和施舍，而是教育回归人的必然。教育不仅要适应经济社会的发展步伐，还应该始终把关注的目光投向人，承认教育活动中人的地位和价值，让教育成为人的幸福生活的一部分，而不是今天在教育中奴隶般地生存为了追求什么明天的幸福生活。这样说，并不否认学习要刻苦，并不排斥训练要严格，并不是要学生成为没有任何负担的快乐天使；相反，坚韧、顽强、刻苦、毅力、合作、奋发、进步等词汇仍然是学习生活中的主旋律，只是，这一切都得遵循规律——教育的规律，人成长和发展的规律。

学生主体和教师主体形影相随，是一枚硬币的两面。当学生在教育活动中获得主体地位，过上一种幸福完整的幸福生活，教师自然也乐在其中。学生"异化"为学习的"工具"，教师必然"异化"为教书的机器。因此，当我们在讨论学生如何获得主体地位的同时，事实上我们也在探讨教师的解放之路，在寻觅教师的职业幸福之路。还孩子一个幸福的童年，事实上也就还教师一份职业的幸福。

给生命以优雅的贝壳

什么是教育之美？三言两语说不清楚。简单地说，就是让教育更加符合教育规律，符合人的生命成长和发展的规律。教育之美，可以说就是教育规律之美，是生命健康成长、和谐发展的成人之美。

为什么要教育之美？这是一个必须说清楚的问题。不是要拉大旗作虎皮，为贫弱的教育披一件华美的外衣；不是要抒发些书斋式的苍白情怀，那样的词句已经被人们言说太多；也不是要借一个概念找一个口号，在已经喧嚣闹腾的教育舞台上再弄出点什么响动。教育之美，其实是对教育规律的寻找，是对教育本原的探究，是对什么是真正的教育、什么是教育的真谛、怎样进行真教育的探询和追问。一句话：是为了让生命更美！

前面我们曾经把校园建筑比作学生生命成长之贝壳，其实，整个教育也是这样的一枚贝壳！

翻开中外教育史你会发现，自从人类有教育活动以来，人们就一直致力于寻求教育的真谛和价值，致力于寻求什么是好的教育，这种寻求其实也可以说就是对教育美的寻求。两千多年前的那个暮春时节，当一群春服既成的少年学子，簇拥着那位循循善诱诲人不倦的蔼然长者，从沂水边踏青归来，你一言，我一语，各言其志，其乐融融，写就了教育之美的初始乐章。这一出手，就是一个经典，成了多少杏坛后来人仰慕不已的表率，却也标识了一个难以逾越的历史高度。不是因为教育没有进步。教育从来就是社会最敏感的神经区，社会进步，教育随之进步；社会停滞，教育也随之保守。和一部气势磅礴的社会进化史如影相随的，是风云激荡的教育变革史；而变革的永恒主题是——如何让教育的"贝壳"变得更美，让壳内的生命更好地生长。

近百年来，我们的时代被史学家称为"三千年未有之大变局"，教育之大变革也如约而至，而且腾挪跌宕，气象万千。废除科举，兴办学堂，是教育从传统走向现代的第一大变，人的地位在教育中空前凸显，民国初年的教育培育出了一大批 20 世纪的栋梁之材。改革开放以来，中国的现代化进入了一个新的历史阶段，挣脱"极左"思潮的精神枷锁，使我们有可能以更加开放的视野和从容的心态，静下心来细数教育，着力于教育这一枚"贝壳"的精心构筑与打磨。历史的进步总是艰难而曲折，教育也是如此。恰恰在社会现代化转型这一宏大历史进程中，种种打着"现代"旗号却违背教育规律、违背人的成长规律的教育"异化"现象也如蔓草般疯长。教育面临从未有过的发展机遇，同时也面临从未有过的阵痛与挑战。于是，教育要回归本原，返璞归真又成了有识之士的呐喊。

教育的本原在哪？教育来自哪里，又将要走向何处？一次次上下求索的结果是：理想的教育，必须着眼于人，着眼于人的全面发展。教育，就是要为那些莘莘学子建造一枚有利于其健康成长并且十分优美的"贝壳"，不是为了片面地追求形式去眩人耳目。优美的形式之所以美，是因为它有适合于生命健康成长的功能。教育美也是这样。

也许，我们不需要引经据典地论述教育的本质是什么，但是，我们必须清楚，我们的学校对孩子意味着什么：是每天带着向往和期待走进校园，怀着微笑和愉快离开学校，还是惴惴不安而来，满腹惆怅而去？也许，我们不一定需要从学理上明白学科的知识价值（真）和审美价值（美）之间血脉相连的逻辑关系，但是，我们必须清楚，我们的课堂对一双双渴求的眼睛意味着什么。是随着我们的导引，走向一个个未知的神秘世界，畅饮知识琼浆的同时，也充分感受知识之美和学科魅力，还是像一头蒙着眼睛的驴，盲目被动地跟着你，机械单调地转着那无休止的一个个圆？还有我们自己，当我们从风华正茂一直到两鬓斑白，周而复始年复一年地与粉笔教鞭相伴，不同教育观的人劳动体验和感受其实是不一样的，我们对教育的理解和认识，影响着我们劳动的态度，也制约着我们劳动的情绪，决定着我们的职业是否幸福，是快乐地工作着，还是痛苦地累着？如此看来，我们其实也在建造着我们自己的生命之"壳"，或者说，我们和学生同"壳"。当教育这枚外壳适合学生，也必定适合我们教师；当学生卡在"壳"内不舒服乃至不幸福时，教师工作也绝无职业幸福可言。

如何拯救？出路在哪？在教育体制障碍一时无法撼动或者说只能是一个渐进改革过程的历史背景下，教育之美至少可以是教育"救赎"的路径之一。如果真的在日常教育生活中发现了教育之美，那么，由此出发再往前走，走向对教育的热爱和眷恋，走向对教育的忠诚和信仰，就是水到渠成之事了。当然，实事求是地说，教育之"壳"是否优美，体制和环境制约作用是显然的，这一点毋庸讳言。但是，同样无可否认的是，教育工作的特点赋予教师个体一定的自主性和能动性。局长之于一个地区，校长之于一所学校，班主任之于一个班级，教师之于一个课堂，可供拓展的活动空间还是比较大的。换一句话说，我们不可能决定这枚贝壳的全貌，但我们有可能在各自的工作范围内，让这枚贝壳在不同程度上更优美一些。譬如高三吧，我说的是重点中学的高三，高考升学硝烟弥漫，但是，还是有一些学校，利用假日，让学生去郊游，去远足，去搞生日庆典，去开诗歌朗诵会……至少在此时此刻，教育之"壳"优雅迷人了一回。

其实，在琐碎而具体的教育生活中，只要我们有心去创造，去发掘，教育之美就在我们身边！而在美丽的"壳"内，你知道生命该有多美？！

经 典 话 语

什么是教育

所谓教育，不过是人对人的主体间灵肉交流活动（尤其是老一代对年轻一代），包括知识内容的传授、生命内涵的领悟、意志行为的规范，并通过文化传递功能，将文化遗产教给年轻一代，让他们自由地生成，并启迪其自由天性。因此教育的原则，是通过现存世界的全部文化导向人的灵魂觉醒之本源和根基，而不是导向由原初派生出来的东西和平庸的知识（当然，作为教育基础的能力、语言、记忆内容除外）。真正的教育绝不容许死记硬背，也从不奢望每个人都成为有真知灼见、深谋远虑的思想家。教育的过程是让受教育者在实践中自我练习、自我学习和成长，而实践的特性是自由游戏和不断尝试。

这样，手工课以劳作方式发展学生的灵巧性；体育课则以学生身体素质的锻炼，以及身体的健美来表现自我生命。哲理课发展思想和精神的敏锐和透明，培养说话的清晰和简明、表达的严格与简洁，把握事物的形式、特征，以及了解思想论争双方的焦点所在，以及如何运"思"而使问题得以澄清。通过接触伟大作品而对人类本真精神内涵进行把握（伟大作品包括：《荷马史诗》、《圣经》、希腊悲剧家的作品、莎士比亚和歌德的作品）。而历史课的教学则是发展学生对古代文化的虔敬爱戴之心，启发他们为了人类更高的目标而奋斗，并形成对现实批判的清醒历史观。自然科学课的开设，则是掌握自然科学认识的基本方法论（包括形态学、数学观和实验）。

在我看来，全部教育的关键在于选择完美的教育内容和尽可能使学生之"思"不误入歧路，而是导向事物的本源。教育活动关注的是：人的潜力如何最大限度地调动起来并加以实现，以及人的内部灵性与可能性如何充分生成。总而言之，教育是人的灵魂的教育，而非理智知识和认识的堆集。

（选自雅斯贝尔斯：《什么是教育》，生活·读书·新知三联书店，1991年版）

旅行与远足

在大自然中的户外生活，尤其对年轻人来说比一切都重要，因为这种生活具有促进人发展、强身、向上和变得高尚的作用。通过这样的生活，一切便有了生命和高度的意义。因此，短途旅行和远足在少年期和学童期开始时就应当作为一种优越的教育手段和学校教学手段而受到极其高度的重视。……

尤其是这一年龄阶段儿童的一切远足和短途旅行必须在一切自然现象融合、统一和活生生结合的精神下和本着这样一种信念进行，即：通过生命和力本身的本质必然地从统一中产生多样，从单一中产生复杂，从就外表看来小的东西产生人们印象中的大的东西，并且会继续不断地以这种方式产生下去。在这种远足和旅行中呈现在观察者眼前的一切事物，必须按照这样的精神和信念加以观察。因而所有的儿童也都在旅行中力求迅速掌握一个巨大的整体。越是已经充分地掌握了一个比较大的（但绝不是最大的）整体，对探索个别事物的乐趣便越浓厚。通过这种短途旅行和远足，儿童将会把自己居住的地方看作一个整体，并将感觉到自然是一个永久不变的整体。没有这一点，一切远足对于学生来说还有什么直接的精神上的帮助可言呢？它对学生的作用只能是以压抑代替振奋，以空虚代替充实。正如人把包围着自己的空气看作属于自己的东西并为了身体的健康而呼吸新鲜空气一样，他也应当把无处不包围着自己的纯洁清澄的自然看作是属于自己的，并许存在于自然中的上帝精神渗透到自身之中。因此，少年儿童应从早期起从真正的关系上和本来的联系上去观察和认识自然物。他应当通过远足首先认识他所涉足到的谷地，从它的起点到终点全面地认识它。他应当全面观察各条分支峡谷。他应当对他所涉足的溪流或小河沿着其走向从发源地到河口进行观察，并注意其地点差别的原因。他应当去探索山脉，以了解山与山之间的分支状况。他应当登山的顶峰，以便概观和理解整个地区的联系。事实观察将会向他说明，山岳、谷地的形状和构造以及河流的走向是怎样互相制约的。他将在产品被生产出来的场所观察到山岳、谷地、平原、土壤和水的产品。他应当力求在地势高的场所为他在低洼地上见到的河卵石及河床里和原野上的石块寻找岩层和以前形成的场所。少年儿童在远足和旅行中还应当对动物和植物按其生活中的自然状态和栖息场所中的自然状态进行观察，看它们有的怎样沐浴在太阳下汲取光和热，另一些又如何寻求黑暗、阴影、凉爽和湿润。他应当看到，寻求阴影的自然物怎样与提供阴影的自然物紧密联系，如同由后者产生出来的一样，而寻求光和热的自然物又是怎样与显露光的自然物与释放热的自然物紧密联系着。在这样的远足中，少年儿童应当从各方面去发现，栖息场所与食物如何制约着具有高级生命活动的自然物的颜色，甚至形状，例如毛毛虫和蝴蝶以及植物上的其他昆虫，无论就其形状还是颜色来看，都是与从某种意义上说它所属的那种植物联系在一起。他不能不注意到，这种外部的相似性乃是动物保护自身的手段，高级动物几乎是有意识地利用这种相似性达到保护自身的目的，例如小鸟，特别是筑巢的金翅雀，它们筑的巢的颜色与它们在其上面筑巢的树木和枝条的颜色几乎毫无区别。甚至动物生活中各种活动的时间和颜色表现与白昼的，即太阳作用的、太阳活动的性质也是一致的，例如白天的蝴蝶具有鲜艳的色彩，而夜间活动的飞蛾却是灰色的，等等，等等。

儿童通过亲自对事物之间的这种永恒的、活生生的自然联系的觉察、发现和注意，通过直接的事实观察和自然观察而不是通过儿童的意识中缺乏直观印象的名词概念的解释，儿童将会形成一种关于自然中一切事物和现象之间永恒的、活生生的内在联系的极为重要的思想，这种思想，不管最初可能怎样模糊，然而会越来越明确。

（选自福禄培尔：《人的教育》，人民教育出版社，2001 年版）

教育类似农业

最近听吕叔湘先生说了个比喻，他说教育的性质类似农业，而绝对不像工业。工业是把原料按照规定的工序，制造成为符合设计的产品。农业可不是这样。农业是把种子种到地里，给它充分的合适的条件，如水、阳光、空气、肥料等等，让它自己发芽生长，自己开花结果，来满足人们的需要。

吕先生这个比喻说得好极了，办教育的确跟种庄稼相仿。受教育的人的确跟种子一样，全都是有生命的，能自己发育自己成长的；给他们充分的合适的条件，他们就能成为有用之才。所谓办教育，最主要的就是给受教育者提供充分的合适条件。办教育决不类似办工业，因为受教育的人绝对不是工业原料。唯有没有生命的工业原料可以随你怎么制造，有生命的可不成。记得半个世纪以前，丰子恺先生画过一幅漫画，标题是《教育》。他画一个做泥人的师傅，一本正经地把一个个泥团往模子里按，模子里脱出来的泥人个个一模一样。我现在想起那幅漫画，因为做泥人虽然非常简单，也算得上工业；原料是泥团，往模子里一按就成了产品——预先设计好的泥人。可是受教育的人决非没有生命的泥团，谁要是像那个师傅一样只管把他们往模子里按，他的失败是肯定无疑的。

但是比喻究竟是比喻，把办教育跟种庄稼相比，有相同也有不相同。相同的是工作的对象都有生命，都能自己成长，都有自己成长的规律。不同的是办教育比种庄稼复杂得多。种庄稼只要满足庄稼生理上生长的需要就成，办教育还得给受教育者提供陶冶品德、启迪智慧、锻炼能力的种种条件，让他们能动地利用这些条件，在德智体各方面逐步发展成长，成为合格的建设社会主义的人才。

对受教育者提供充分的合适的条件，让他们各自发挥能动作用，当然比把他们往模子里按难得多。但是既然要办教育，就不怕什么难，就必得把这副难的担子挑起来。

1983 年 1 月 6 日

（选自《叶圣陶教育文集》，人民教育出版社，1998 年版）

第六讲　美学修养

"音乐的耳朵"和"发现的眼睛"

数学史上有一个著名的故事，它告诉我们美学修养的重要。

　　卡尔·弗里德里希·高斯是一个数学的伟大奇迹。据有传说讲，在他 10 岁的时候，老师在班上出了一道很长的加法题。老师要求他们将数从 1 加到 100（或者是这类的序列）。高斯想了一下，然后就写下了结果：5050，当然，这个计算的伎俩已广为人知，但少年高斯并不知道。然而，他意识到，如果你将这个序列的第一个数和最后一个数（1 和 100）相加，你就会得到 101，就这样加下去直到 50 加 51。共有 50 对这样的数字。因此，答案就是 50×101。这个方法有更大的奇妙之处。它具有一个所有相差一个不变量的数的序列共同拥有的特征：数 8，15，22，29，……708 也可以用同样的方法相加。[①]

凭着美的感觉，作出了一个漂亮而清晰的数学论证。这是一个"小"问题，但无论如何，这个解决方法是漂亮优雅的。简单地数数相加，一个一个地进行也非常可能。但是，这种方法却看出一个模式，然后利用这个模式去

---

① 爱德华·罗特斯坦：《心灵的标符——音乐与数学的内在生命》，第 128 页，吉林人民出版社，2001 年版。

理解一个序列的对称。这个方法的美也部分由于所提问题的规模（100 个数相加，1000 个数相加，100 万个数相加）和这个方法所展示出来的简捷和轻松（我们所需要做的只是将头一个数和最后一个数相加，以及算出有多少对数字出现）。任务的艰巨和解决方案的简捷之间的对照创造了一个极大放松的感觉。

常说教师的知识面要宽，视野要广，但似乎很少有人说过教师的美学修养问题，很少说过美学修养与教育教学的内在关系。事实上，美学修养是文化修养的一个重要组成部分，理应为每一位教育工作者所必需。这不仅因为我们的教育目标，就其根本而言，是要培养全面发展的一代新人，全面发展自然不能不包括美育；而且，教师的美学修养也是解决学科专业问题的重要相关因素。可以略带夸张地说，一个缺乏必要的美学修养的人，也是很难成为优秀教师的。

首先，从外部要求看，学校的一切活动无不是围绕着学生生命的成长发展，每一位教师——只要从事与学生相关的教育教学活动，都无一例外地负有对学生进行精神引领和情感陶冶的重要任务。同时，小到着装服饰、言谈举止，大至价值理念、人生态度，也时时刻刻都在被学生注视着、学习着，教师的影响可谓大矣。这其中，美学修养总是不经意地从你的方方面面流露出来，产生积极的或是负面的教育影响。具有高度美学修养的教师，自然会在教育教学活动中，润物细无声地体现出教学应该"力求满足人类最伟大的要求——人的本性的完善"的审美教育思想。

其次，从内在规律看，教学要提高质量，也需要教师丰富自身的美学修养，进而从审美的角度，更整体更本质更规律地去把握知识、创造情境，从而更为有效地提高教学效果。譬如对教材的把握：人文学科教材选用的多是文化艺术精品，这些作品无不体现了作家的美学理想和艺术匠心，教学中能否准确地把握住这种美学理想和艺术匠心，关系到对教材整体内在意蕴的领会，而这种内在意蕴领会得如何，应该成为衡量教学是否成功的重要标准之一。如果不从审美的角度加以把握，那么不仅情感熏陶的任务无法完成，而且连原作的基本精神都无法吃透，更谈不上提高教学效果了。

理科教学中的科学美其实也是这样，或者说更为强烈和丰富。对此，英国理论物理学家、量子力学的奠基者之一保罗·狄拉克曾有一段有趣的言说：

> 在我见过的所有物理学家中间，我认为薛定谔是与我最相似的。我发现我自己更容易与薛定谔去取得一致而不是和其他什么人。我相信，所以会如此的原因是薛定谔和我都有非常敏锐的对数学美的鉴赏力，并且这种对数学美的鉴赏支配了我们的全部工作。
>
> 描述自然的基本规律的方程必须包含伟大的自然美，它对于我们就像宗教。它是一种非常有益的可信奉的宗教，它可以被看作我们大部分成功的基础。[①]

科学家的话总是可信的。狄拉克认为自己对科学美就像对宗教一样去信奉，而且这是他取得大部分成功的基础。我们中小学教学当然不能和科学家的发现相比，但是，我们教学的许多材料都来自科学家的科学发现，我们也自然需要这样的科学美的鉴赏力。其实，无论是对教学内容的审美把握，还是对教学情境的审美创造，都离不开教师的美学修养。因为在教学这一特殊的艺术创造过程中，教师是创造的主体，其创造过程必然受制于主体的素质（当然包括美学修养）。主体缺乏美学修养，其教学则易带"匠气"；主体的美学修养丰富，其教学则富有创造性。不仅如此，审美修养还可成为创造的动力，激发教师的创造热情，激励教师走上艺术创造之路！

美学修养三要素

美学修养的结构，按美学理论体系，可以分成审美感受力、审美鉴赏力、审美创造力。此种划分，也同样适合于讨论教师美学修养。所不同的

---

① 詹姆斯·W·麦卡里斯特：《美与科学革命》，第232页，吉林人民出版社，2000年版。

是，由于主体及主体活动的特点不同，教师美学修养的内容也有其自身职业劳动的特殊性。

1. 审美感受力

审美感受力，指的是"多种心理功能如感知、想象、理解、情感协调活动的能力。这种能力，表现为对审美对象形式整体的直接把握和领悟，从而产生一种审美愉悦。"[①] 对于教师来说，培养审美感受力的目的最主要不是为了自身的审美愉悦（实际上必须是教师先有这种愉悦，这是教师劳动的附属福利），而是为了引导学生体会这种审美愉悦。但如果没有教师的审美愉悦，也就不可能有学生的审美愉悦。

教师的审美感受能力首先表现为对色彩、音韵、节奏、结构等形式因素具有敏锐的感知力。以文学作品中的色彩为例。高明的作家在描写景物时，常常借助色彩传达出内心感受，譬如《药》的结尾的景物描写，作家运用的是一连串冷色调：

> 两顶"花白的头发"、"几朵青白的零星的小花"、"支支直立的枯草"、"铁铸一般的乌鸦"；即使有一点暖色，也淹没在冷色之中，"一个破旧的朱漆圆篮，外挂一串纸锭，"……

显然，要充分理解作家借这"安特莱夫式的阴冷"达到烘托悲剧氛围的创作意图，就必须具有感知色彩的审美意味的能力。

教师的审美感受能力还表现为丰富的想象力和理解力。教师要把书本上的冷冰冰的铅字转化为鲜明可感的形象，让文字以及附着在文字上的知识富有情感的温度。杰出的日本地理学者、教育家牧口常三郎著有《人生地理学》一书，该书对地理知识人文精神属性的解读曾给我留下深刻印象。在

---

① 杨恩寰:《审美教育学》，第83页，辽宁大学出版社，1987年版。

牧口常三郎看来，自然从来都不是与人相隔离的，人的生存就没有离开过自然，自然也总是在与人的交往中，展示其丰富的规律和韵致，也正是与人的这种关联性使得自然界也蕴含着非常丰富的生命意义。于是，牧口常三郎，在介绍地球时，会讲到人类经历中故乡的重要性：

> 我经常思考故乡所具有的神秘的力量。一个云游四海的人最大的思念莫过于对故乡的思念，而一个从来不出家门的人很少会产生对家的眷恋。……我们每个人都深深地感激故乡，她给予我们生命，并在我们无能为力的婴儿时期养育我们。那我们怎样回报这些恩惠呢？我们认为我们应该从认识故乡神奇的魔力开始。……如果我们胸怀故乡，并真正地认识故乡，我们就能从中得到很多教益。①

同样，在讲到高山、河流时，会阐释高山河流带给生命的影响：高山、河流对我们物质的影响，高山、河流对我们精神的影响，高山、河流对我们气质的影响。显然，如果教师缺乏审美感受能力，也就无法引导学生去领略大自然中无比迷人的优美诗意。

2. 审美鉴赏力

审美鉴赏力是指"对审美对象的鉴别与评价的能力，它包括对审美对象的美丑的识别，还包括对审美对象的审美性质的深刻理解，还包括对审美对象的类型、形态的领悟与鉴别的程度，并能给予审美评价。"② 审美鉴赏力是比审美感受力更高层次的审美能力，它不仅需要一定的美学知识、审美素养，还要有一定的审美观念、趣味、理想作为鉴赏的标准。自然美、社会美、艺术美等不同的审美形态，壮美、优美、滑稽等不同的审美范畴，形式

---

① 牧口常三郎：《人生地理学》，第5页，复旦大学出版社，2004年版。
② 杨恩寰：《审美教育学》，第86页，辽宁大学出版社，1987年版。

美、内容美等不同的美感形式，民族性、时代性、阶级性等审美差异……教师都应该有所了解。只有这样，才有可能引导学生进行审美鉴赏活动。

人文学科的例子可以信手拈来。譬如，对于古代或外国的一些作品，其间既有历史的进步意义，也存在着一些时代的、民族的、文化的局限或者差异，这也需要教师给予中肯的品评。教学《芙蕖》，就必须在认识李渔锐意求新创作观的同时，了解文中也渗透着作者作为旧时代文人的生活情趣，否则就无法理解作者对芙蕖"嗜之如命"的那份痴情和"有五谷之实而不有其名"的评价。

对自然科学之美的鉴赏力却并不是人人都能做到。自然科学的真理之美，在于揭示出事物内部的简单、和谐、秩序和规律，这些不一定都是显而易见的美，而科学的魅力正在于此。因为有了这些魅力，科学家才会孜孜以求乐此不疲。因此，教学时也尤其需要教师修炼那种"发现"的眼睛，把这种蕴藏于事物内部的规律和秩序，传达给那一双双渴求的眼神。且让我们摘录几段有关科学美的论述：

> 数学家 J.W.N 苏里文写道：科学理论的主要目的是表达我们所发现的存在于自然中的协调，所以我们能立刻看到这些理论的美所具有的美学价值。衡量一个科学理论是否成功的标准，也是衡量其是否有美学价值的标准。
>
> 数学家罗杰·彭罗斯指出：一种理论的美学特征一定与其确实性紧密相关。在美丽与真实之间，一定有一种紧密的联系。
>
> 物理学家保罗·狄拉克也对物理方面的数学的美十分重视。他坚持一种理论的美丽相对其真实更为重要。他说，让人们所提出的方程中蕴藏美感，比让其符合实验结果更为重要。毕竟实验也可能会出现错误。[①]

---

① 爱德华·罗特斯坦：《心灵的标符——音乐与数学的内在生命》，第136页，吉林人民出版社，2001年版。

3. 审美创造力

审美创造力是一种表现美、创造美的能力。前文已述及，有无这种创造能力是衡量一位教师是"教书匠"还是"艺术家"的重要区别之一。因为没有审美创造，就无教学艺术可言。教师在教学过程中的审美创造活动，按其形态可分为对自身形象的创造和对教学艺术的创造。对自身形象的创造包括创造仪表的美、教态的美、语言的美、情绪的美等；对教学艺术的美的创造包括创造情境（理智）的美、教学机智的美、风格的美、节奏的美、板书的美等等。前已有专文论及，故此不赘言。

教师的审美创造力是一个综合的能力结构，它不仅需要以审美感受力、审美鉴赏力为基础，而且需要特殊的禀赋才能。有一种看法，认为教师的艺术创造仅仅是些雕虫小技，微不足道，因而似乎是只要具备必需的知识，人人都能胜任。这实在是一种误解和偏见。只要我们承认演员、作家、书画家的劳动是一种创造，承认他们的劳动需要特殊的艺术创造天赋，那么我们就无法否认，教师的劳动也是一种创造，也同样需要特殊的创造才能，而审美创造能力就是这特殊的创造才能之一。因此，只能说，平庸的教师人人能当，优秀的教师却必须具备一些特殊素质（包括审美创造能力）。那种认为教师不需特殊禀赋的偏见危害极大。这种偏见也在无形中影响了教师自身对其创造能力的培养和对教学艺术的追求，因而也影响了教师素质和教育质量的提高。

审美修养的结构是一个相辅相成的整体，审美感受力、审美鉴赏力、审美创造力虽各有侧重，却不可截然分开。审美感受力、审美鉴赏力的培养、提高，已经包含着审美创造力的开拓因素；而在审美创造力的提高中也进一步使审美感受力、审美鉴赏力得到培育。

修炼之道

审美修养可以与学科专业素养、文化素养、道德素养相辅而行，因而学科专业素养、文化素养、道德修养是美学修养的基础，同时，其本身也渗透着林林总总的审美因素。因此，要提高美学修养，首先要注意学科专业素养、文化素养、道德素养的提升。在此前提下，还大致可从以下几个方面努力。

1. 了解一点美学基础理论知识

美学基础理论知识是审美修养的专业知识基础。读一点美学理论书籍，懂一点审美的基本知识和方法，对于提高审美修养无疑是有益的。以形式美的知识为例。审美对象的性质总是与形式结构分不开的，审美主体懂一点线条、色彩、声音的审美特征，懂一点比例、均衡、和谐、节奏等美的物质材料的组合规律，就容易从审美的角度去把握审美对象，从而丰富自己的美学修养。为此，教师的读书范围，应该包括一些美学书籍，同时，师范院校的美学课也应从中小学教学实际出发，改革教学内容，开设学科教育美学课（不仅限于中文系），这是一项带有战略性的根本措施。

当然，有了美学知识不等于美学修养就高，美学修养主要也不是指美学理论知识的多少，但是，我认为，美学基础知识对于教师比之于普通群众更为重要。因为普通群众的审美修养一般只是为了提高自身素质，而教师还肩负着创造的任务，教师的工作中充满了审美创造的契机，因而也就格外需要美学知识。

2. 经常参加一些独立的审美欣赏活动

审美欣赏活动即"静观现实和艺术中的审美对象，进入审美经验过程，陶冶性情"。如欣赏文艺作品、科学作品，参加旅游，增加对自然美、社会美、艺术美、科学美的感受活动，从而使主体审美心理结构中的各种因素都得到塑造，达到一种合理的配置，使之日臻成熟和完善。

一般说来，教师与文艺作品都有难解之缘，但要注意读一点反映当代审美流向的作品，而不宜抱残守缺。尤其要注意拓展阅读视野，文科教师容易忽略的是对科学美的感受，理科教师要注意多读点文学读物。其实，科学世界也有惊人的美。人们称赞大科学家开普勒的行星运动理论是"美妙的音乐、多彩的图画"，称赞门捷列夫元素周期表是一首"以元素为词汇的、节奏鲜明、美妙无比的诗"。文科教师阅读一些科学作品，既可了解一些科学常识，适应教学中科技文章教学的需要，也可获得对科学美的感受能力，拓宽自己的美感面。于漪老师在一次报告中就谈到，她在工作之余，就曾花力气"啃"了爱因斯坦的近代物理学，这正是于老师为丰富科学修养（包括科学美）而采取的措施。

旅游对于提高主体的美学修养也是重要的。走向大自然，长河落日、大漠孤烟、黄山云海、庐山飞瀑以及名胜古迹给旅游者带来的审美感受是丰富的、多面的。东山魁夷是享誉世界的日本著名风景画家。他一生走遍了世界的山山水水，对自然的痴迷与执著也许是无与伦比的。东山曾这样写道：

> 一个时期，一年中的大半时期里，我都是站在渺无人迹的高原上，静静地凝望着天空的色彩、山峦的姿态和草木的气息。……在称着八岳美丽森林的高原一隅，我忽然发现了令人喜爱的风景，一年之中我几十数次地来到了同一地点，抱着莫大的兴趣，眺望着我们曾见过的有草木随季节而变化的千姿百态。

东山在回首旅行频繁的大半世人生后，曾扪心自问：旅行到底是什么？答案是：发现自我。从东山的文字里，不难看出，他是从美丽的自然风景中感到了生命的激动，领悟了生命的意义。用东山的话来说，是发现了"心灵的故乡"。这里的"心灵的故乡"发现包括"发现自我，完善自我，超越自我"三个层次。发现自我即认识自我。在自然的怀抱中，我们会彻底地袒露自我，也会卸下一切社会给我们的种种“包装”。在这里，人的最本质的天性往往会自然流露。于是，你会更清楚地认识你的性格、你的气质、你的秉性。完善自我，即从大自然中汲取营养，接受启迪。大自然是丰富多彩的。山峰告诉你什么叫伟岸，流水告诉你什么是温柔；太阳，教育我们慷慨无私，月亮，启发我们要善待荣辱。也许，你的性格较为懦弱，那么，险峻的大山会教给你勇敢；也许，你的性格较为浮躁，那么，葱郁的森林会使你宁静。认识自我，完善自我，不断地丰富、充实自己的心灵，也就使自己不断地产生超越自我的激情和动力，不断地走向更高更美的精神世界。谁能说，大自然所给予人们的精神启示，不会对他们今后的生命历程产生深刻而久远的影响？对于教师而言，经常走向大自然，还有更深的一层意蕴，那就是通过亲近自然培养不老的童心。

3. 多参加些审美创造活动

审美教育学认为，在审美创造过程中，“可以把审美心理结构中的各种因素调动起来，形成各种不同的组合”，其结果是“各种因素都比较协调地发展，使人的情欲得到净化、陶冶，有助于人性结构的完善。”[1]审美创造的形式很多，文艺创作、体育活动、生产劳动等等，都是个体审美创造活动的途径。教师参加艺术创造活动不仅有益于提高美学修养，而且还可以直接借鉴姐妹艺术中的手法，为教学艺术服务。譬如，音乐中的节奏、绘画中的“留白”、书法中的浓淡疏密的结构都可横向移植到课堂教学中。艺术都是相通的，每一门艺术都需借鉴他门艺术的方法，教学艺术也是如此。

这方面，著名美学家宗白华堪为我们的表率。宗先生一生酷爱散步，留在北大学生印象中的宗先生，就是一位总是在未名湖畔拄杖独行的老人。宗先生的人生也如散步。年轻时的宗先生曾是一位有影响的诗人，后来不写诗了，诗人的气质和情怀却相伴一生。他热爱艺术，总是兴致勃勃地看各

---

[1] 杨思寰：《审美教育学》，第 371 页，辽宁大学出版社，1987 年版。

种展览，绘画、书法、文物、陶瓷……散步是随意的，轻松自由的，无功利的，也是审美的，宗白华先生就是以一种审美的态度去看待人生。这种人生态度甚至影响到了他的学术研究：他的美学著作也写得优美生动，他的翻译作品，也是用优美的文笔去捕捉大师们笔下特有的神韵，而不以字义的准确为满足。散步风格，可以说贯穿于宗白华生活、学术、人生。宗白华是一位美学大师，我们不是，但是宗白华那样的心境和态度，却是我们每一位为人师者所需要的。唯有淡泊名利，诗意人生，才会有由内而外的美的心境的修炼，也才能真正提升我们的美学修养。

审美修养之路是漫长的，因此贵在自觉与有恒。审美修养的提高不仅有助于教师走上艺术创造之路，也有利于人的品格的提高。愿我们广大教师不断提高美学修养，既成为合格的教学艺术家，也成为学生审美修养的真正表率！

书写：蘸着自己的血肉

在教师审美修养的修炼中，教育书写是一个重要环节，所以专辟一节来谈这个问题。

教师发展很重要的一点就是要有自我反思的能力，而自我反思的成果往往以文字的形式体现。这种书写，不一定就是写论文，甚至主要不是为了评比什么的那种"八股式"的所谓论文。提到书写，托尔斯泰有一句非常精辟的话："一个人只有在他每次蘸墨水时都在墨水瓶里留下自己的血肉，才应该进行写作。"爱默生说："你的句子应该像从地里挖出来的蒲公英，根很长，粘着泥土，还是湿的。"两位作家说了一个相同的意思。文学写作如此，教育书写也同样如此。

这些年教育文字多了起来，教师们在教育工作之余写点文字，已被视为专业发展过程中的一种常态，甚至是一种必须。专业论文、随笔反思、教育故事、心情小语都好，都可以，都是教育旅程中的海滩拾贝。是记录，也是反思；是收获，也是耕耘；有欢欣，也有痛苦。但不管怎样，应该有一个共同的标准——真诚。

真诚是写一切文字的重要准则，教育文字自然也是这样。你得蘸着自己的"血肉"去写你的教育文字。所谓"蘸着血肉"，就是忠实于自己的教育生活，就是植根于自己的教育土壤，也即是托尔斯泰说的"蘸着自己的血肉"，或者是爱默生说的，是从地里挖出的"粘着泥土的蒲公英"。不是苛求，不是唯美，而是与教育写作的意义和宗旨有关。

教育工作是一件很辛苦的工作。繁重的工作之外，我们为什么还要自讨苦吃，我们为什么要书写？答曰：与专业发展相关。教师工作需要不断学习不断反思，在学习和反思过程中求得教育素养的提升和发展。苏霍姆林斯基说："如果你想成为学生爱戴的教师，那你就要努力做到使你的学生不断地在你身上有新发现。你要像怕火一样地惧怕精神的僵化。……教师上好一节课要做毕生准备。"也许，教师教育书写的真正意义就在这里：克服精神的僵化。读书学习，总结反思，都是为了这样一个目标。经常听到一些同行说，工作那么忙，为什么还要我读书和写东西，我能教好自己的学科就行了，我教的课考试分数不差就行了。为什么？就是因为我们从事的是一项精神交往的工作，教学工作绝不仅仅是简单的知识传递，而是一种交往，而且主要是一种精神交往，要努力做到让你的学生不断地在你的身上有新的发现。所以，苏霍姆林斯基才谆谆告诫我们，要像怕火一样惧怕精神的僵化。教育书写不过是为了不断地发展我们精神的一种实践。

蘸着自己的血肉写作，第一层含义是指要培育和耕耘出自己的一方"沃土"。教育写作不是才情的展示，不是技巧的炫扬，更不是语言的拼盘，而是把你的实践体会和思考，或者是经验，或者是教训，或者是困惑，拿出来和朋友分享。一个重要的前提是，你必须得全身心地投入到自己的教育教学实践中去，和你的学科、你的班级、你的学生真心地爱过一回，有过几番刻骨铭心的经历、感受和体会，你才能说你有了自己的一方"沃土"。而只有深深植入自己实践的"沃土"，才能提升出属于自己的教育教学感悟。这样的感悟，写出来就不太可能和别人雷同，也才能真正达到丰富和发展自己教育教学素养的旨归。仅仅依靠写作方面的那点雕虫小技，或者凭借一些东拼西凑来的浮泛印象，是写不出什么有价值的教育文字的。事实上，没有教育教学经验的深厚累积，是写不出什么真正有意义的文字的。当然，这里说的累积，主要还不是指工作年限之类的时间长度，而是指对任教学科和教育生活沉潜的深度和广度。从教多年，照样可以认识肤浅；虽然年轻，却也可能涵养深广。

蘸着自己的血肉写作，第二层含义是指要植根于自己的这方"沃土"。自己累积的经验如同深埋地下的油层，写作的指向应该对准自己的经验积累，如同钻机对准油层一样，这样打出来的油井才是属于自己的"乌金"，而不是拾人牙慧。我们的确见过不少老师，辛辛苦苦，也很勤勉，笔耕不辍，但就是收效甚微。究其原因，可能就是找错了方向，不是就自己最有体会、感受最深的内容去发掘，而是今天东风来顺着东风倒，明天刮西风顺着西方歪，什么时髦写什么，怎么吃香怎么写，或者人家写什么跟着写什么，害怕落伍，紧盯"风向"，结果不仅失去了自我，而且把自己弄得辛辛苦苦，惶惶惑惑，很难有什么成绩。也许会有几篇文章发表出来，但因为脱离自己的真实感受和丰厚积累，守着"金山"，甘当乞丐，对于自己的专业发展最终也是隔靴搔痒，形聚神离。

怎样才能把"钻机"对准自己的"油层"呢？其实有一个眼力的问题。很多老师可能不是不想把笔尖伸向自己的"血肉"，而是不知道自己的"血肉"在哪里，或者说不知道自己哪里的"血肉"有开采价值。这就要谈到阅读了。教师必要的专业阅读对于提升自己的教育理念，炼就自己的一双"慧眼"是大有裨益的。近些年，形形色色的名师到处"布道"，各式各样的"教育快餐"充斥书肆，开卷固然有益，但复制别人鲜有成功。教育教学是一项创造性极强的工作，教师的个体心智制约作用甚大；不同学生需要不同的方法，不同教师更是差异甚大的个体。别人再好的经验也不一定能成就自己，何况有些所谓名师经验本就充满泡沫。因此，教师阅读更应该走近大师，那些经漫长岁月积淀下来的人类思想和文化的经典之作，才是更值得我们去反复体会和涵咏的。岁月的陈酿往往不够光鲜，甚至还会让人望而却步，但是一旦打开，其醇香非同寻常。用经过教育经典润泽过的心灵，再去体认你的日常教育生活，你会有屋舍俨然、阡陌分明的豁然开朗之感。成功有成功的规律，失败有失败的必然，回首你的教育来路，细数阳光阴霾，一览众山小。此时你会清晰地发现，原来自己的教育教学实践，就是一座有待开采的富矿。

蘸着自己的血肉写作，第三层含义是指要把书写的过程当作提升自己教育素养的过程。还是用钻井打油这个方便的比喻吧。找准自己的"油层"，钻对了，出油了，但还不够。还要提炼，去伪存真，去粗取精，由此及彼，沙里淘金。这个"金"就是教育教学规律和素养。此时的教育书写，已经不是在写文章，而是在总结，在反思，在提升，在进行更高水平和更高层次上的新的"积淀"，它的必然结果，便是促进你形成教育教学上不同于以往的新的气象。提升自己，发展自己，这才是教育写作的真正意义所在。教育是雕塑人心灵的工作，十分复杂；有的流行的口号和观念恰恰有悖教育规律。教育书写，不能"捡到篮里就是菜"。曾经不止一次地读到一些教育文字，作者津津乐道的成功经验，恰恰是教育失败的写照，而作者自己却浑然不知。

教育书写是教师专业发展的重要路径，但是教师发展的终极目的却不是为了写作。一个人的专业发展之路能走多远，从他如何处理实践和书写之间的关系上也可窥见一斑。一分耕耘一分收获，是大家都知道的常识；但是，专业的发展是不必也不可能像种庄稼那样，有播种就一定会有收获，有付出就一定要有回报的，有时甚至是需要一点只问耕耘不问收获的淡泊和超脱。我们在讨论如何开展教育写作时，不妨重新省视一下自我发展的目标到底是什么，不妨多问问我们自己：我爱我们从事的职业吗？我们愿意为了这份热爱无怨无悔地付出吗？为了不辜负这份热爱，我们已经做好足够的准备和努力了吗？

谈谈教师的教育素养（一）

教育素养是由什么构成的呢？这首先是指教师对自己所教的学科要有深刻的知识。我们认为很重要的一点是，教师在学校里教的是科学基础学科，他应当能够分辨清楚这门科学上的最复杂的问题，能够分辨清楚那些处于科学思想的前沿的问题。如果你教的是物理，那么你就应当对基本粒子有所了解，懂得一点场论，能够哪怕是粗略地设想出将来的能源发展的前景。教生物的教师则需要懂得遗传学发展的历史和现状，熟悉生命起源的各种理论，知识细胞内部发生的系列化过程。教育素养就是由此开始并在此建立起来的。可能会有人反驳说：为什么教师要懂得那些课堂上并不学习的东西以及那些跟中学所学的教材没有直接联系的东西呢？这是因为：关于学校教学大纲的知识对于教师来说，应当只是他的知识视野中的起码常识。只有当教师的知识视野比学校教学大纲宽广得无可比拟的时候，教师才能成为教育过程的真正的能手、艺术家和诗人。

我认识几十位这样的教育能手。他们的教育素养从备课就能看得出来。他们是按照教学大纲、而不是按照教科书来备课的。他们仔细地思索过教学大纲以后，就把教科书里有关的章节读一遍。他们这样做是为了把自己置身于学生的地位，用学生的眼光来看教材。真正的教育能手知道的东西，要比学校里的东西多得多，因此他不需要在课时计划里把要讲的新教材都写出来。他的课时计划里并不写叙述（**演讲**、**讲解**）的内容，而只写一些为了指导学生的脑力劳动所必要的关于课堂教育过程的细节的简短的纪事。教育工作的能手对于课堂上所学的自己那门科学的起码知识了解得如此透彻，以致在课堂上，在学习教材的过程中，处于他的注意中心的，并不是所学的东西的内容本身，而是学生，是学生的脑力劳动，是学生的思维以及学生在脑力劳动中遇到的困难。

请你留意观察一下那些只知道必须教给学生的那点东西的教师的工作情形吧。他认真地按照教科书把要讲述的东西准备好，甚至把讲述的内容和逻辑顺序都记住。你将会发现：那些在讲述新教材时应当使用的直观教具和说明性的材料（如在历史、地理、生物课上要用的文艺作品中的形象），好像是人为地附加在课的内容上的，所有这些都从学生思想的表面上滑过去了（有时候教师甚至忘记了使用他所挑选和准备好的东西）。为什么会得到这样的结果呢？这是因为，处于教师注意中心的只是教材内容，而不是教育过程的各种细节，教师使足力气去回想讲述的过程，他的全部注意力都集中在自己的思考和教材内容上。学生要领会这样的讲述是困难的，在这种课堂上没有不随意识记，因为在教师的讲述和语言里没有情感。如果教师不得不使足自己的全部力气去回想教材内容，他的讲述缺乏情感，那么儿童就会不感兴趣，而在没有兴趣的地方也就没有不随意识记。这是教师的教育素养的一个非常微妙而又非常重要的特征：教师越是能够运用自如地掌握教材，那么他的讲述就越是情感鲜明，学生听课以后需要花在抠教科书上的时间就越少。真正的教育能手必有真正丰富的情感。那种对教材的知识很肤浅的教师，往往在课堂上造成一种虚张的声势，人为地夸夸其谈，企图借此来加强对学生意识的影响，但是这样做的结果却是可悲的：虚张声势会使人空话连篇，爱说漂亮词句，所有这些都会腐化学生的灵魂，使他们内心空虚。

（选自苏霍姆林斯基:《给教师的建议》，教育科学出版社，1984 年版）

谈谈教师的教育素养（二）

当人们谈到形成信念的问题时，常常会听到这样一些议论：对教材的知识——这还不是信念，有知识并不意味着有信念，这样把两者对立起来是毫无道理的。所谓真正的有知识，这就是对知识有深刻的理解并且把知识多次地反复思考过；而如果对知识有深刻的理解并且反复地思索过，如果知识变成了学生主观世界的一部分，变成了他自己的观点，那就意味着知识已经成为信念。那么，在什么条件下知识才能触动学生个人的精神世界，才能成为一个人所珍视的智力财富和道德财富呢？只有在这样的条件下，——用形象的话来说，就是在知识的活的身体里要有情感的血液在畅流。如果在教师的讲课里没有真正的、由衷的情感，如果他掌握教材的程度只能供学生体验他所知道的那一点东西，那么学生的心灵对于知识的有感触就是迟钝的，而在心灵没有参与到精神生活里去的地方，也就没有信念。由此我们还是得出那个同样的结论：教师对教材有深刻的知识——这是教育素养的基本方面之一。

教育素养的这一重要特征的第一个标志，就是教师在讲课时能直接诉诸学生的理智和心灵。在拥有这一真正宝贵财富的教师那里，讲述教材就好比是向交谈的对方（学生）发表议论。教师不是宣讲真理，而是在跟少年和男女青年娓娓谈心：他提出问题，邀请大家一起来对这些问题进行思考。在分析这种课的时候，大家会感觉到：在教师跟学生之间建立了一种密切的交往关系。你，作为校长，也会被教师的思想的潮流所带走，你会忘记你是来检查教师的工作的，你会感到自己也变成了学生，你跟一群 15 岁的少年们一起为发现真理而欢欣鼓舞，你在心里回答着教师提出的问题。在我们州的一所学校里发生过一件有趣的事：年轻的校长在听一位有经验的教师上几何课，他的思想完全给教师的讲解迷住了，以至当教师向同学们问道："你们谁能回答这个问题？"的时候，这位校长竟举起手说："我！"这才是真正的教育技巧。这就是我们所说的那种直接诉诸儿童的理智和心灵的境界，这种境界只能是教师具备深刻的知识的结果。他的知识要如此深刻，以至处于他的注意中心并不是教材内容，而是儿童们的脑力劳动。

而在另外一种课堂上，当你看到教师跟学生之间并没有交往，教师一头钻进他的课时计划里，而孩子们在看着天花板或者天空中飘浮的云朵时，你会作何感想呢？你会在学生面前觉得不自在，你会替教师、替自己，也替教育学觉得难为情。你后悔不该来听课。在课后，你不想当时就跟教师进行谈话，你会想：是不是把谈话推迟到明天，是不是应当再来听他一节课呢？

可见，教师在他所教的科学基础学科方面，如果没有深刻的科学知识，就谈不上教育素养。那么怎样才能使每一位教师不仅懂得一点教学的常识，而且深知本门学科的渊源呢？

读书，读书，再读书，——教师的教育素养的这个方面正是取决于此。要把读书当作第一精神需要，当作饥饿者的食物。要有读书的兴趣，要喜欢博览群书，要能在书本面前坐下来，深入地思考。

怎样才能使读书成为每一位教师的需要呢？这里很难确定地说有些什么特殊的方法。读书的需要是靠教师集体的全部精神生活培养起来的。

（选自苏霍姆林斯基：《给教师的建议》，教育科学出版社，1984 年版）

工作的最重要动机是工作乐趣

在学校里和在生活中，工作的最重要动机是工作中的乐趣，是工作获得结果时的乐趣，以及对这个结果的社会价值的认识。启发并且加强青年人的这些心理力量，我看这该是学校的最重要任务。只有这样的心理基础才能导致一种愉快的愿望，去追求人的最高财产知识和艺术技能。

要启发这种创造性的心理能力，当然不像使用强力或者唤起个人好胜心那样容易，但它是更有价值的。关键在于发展孩子对游戏的天真爱好和获得赞许的天真愿望，并且把孩子引向对于社会很重要的领域；这种教育主要是建立在希望得到有成效的活动能力和社会认可的愿望之上的。如果学校从这样的观点出发，工作很成功，那末它就会受到成长中的一代的高度尊敬，学校所规定的作业就会被当作一种礼物来领受。我知道有些儿童就对在学校时间比对假期还要喜爱。

这样一种学校要求教师在他的本职工作上成为一种艺术家。为着要在学校中得到这种精神，我们能够做些什么呢？对于这个问题，正像无法使人永葆健康一样，并不存在包医百病的万灵丹。但是还有某些必要的条件是可以满足的。首先，教师应当在这样的学校里成长起来。其次，在选择教材和使用教学方法上，应当给教师以广泛的自由，因为强制和外界压力无疑也会扼杀他在安排他的工作时的乐趣。

如果你们是一直在用心地听取我的想法，有一件事也许你们会觉得奇怪。我所讲的完全是，依照我的见解，应当以怎样的精神来教导青少年。但是我既没有讲到课程设置，也没有讲到教学方法。究竟应当以文科为主，还是应当以理科专业教育为主呢？

对这个问题，我的回答是：照我的见解，这一切都是次要的。如果青年人通过体操和走路训练了他的肌肉和体力的耐劳性，以后他就会适合任何体力劳动。思想的训练以及智力和手艺方面的技能锻炼也类似这样。因此，有个才子讲得不错，他对教育下这样一个定义："如果一个人忘掉了他在学校里所学到的每一样东西，那么留下来的就是教育。"就由于这个理由，对于古典文史教育的拥护者同注重自然科学教育的人之间的抗争，我一点也不想偏袒哪一方。

[选自《爱因斯坦文集》（第3卷），商务印书馆，1979年版]

第七讲 美 育

百年轮回：作为教育方针的美育

1999 年，20 世纪的最后一年，将在中国教育史上留下重要的一页。这一年，《中共中央国务院关于深化教育改革全面推进素质教育的决定》文件发表，明确地把美育和德、智、体三育并提，显示出党和政府对美育问题的高度认识；同年 6 月，全国教育工作会议正式将美育列入国家教育方针。至此，20 世纪初由时任国民政府教育总长的蔡元培先生极力倡导的美育方针，在经历一个世纪的风风雨雨、曲曲折折之后，终于，又一次为世人所瞩目。

当然，历史总是在螺旋式地发展。美育，越百年风云横空而来，绝不是一次简单的复归或轮回，而是在中华民族即将迈进 21 世纪走向伟大复兴的关键时刻，中国教育在面临着重大使命和严峻挑战的复杂背景之下作出的历史性选择。

如果说，在 20 世纪初叶，蔡元培先生的美育主张如同他所追求的资产阶级的社会理想一样，最终只落得个"无可奈何花落去"的凄凉结局，那么，20 世纪末的再提美育则绝不是简单的"似曾相识燕归来"，而是一枝报春的红梅，预示着中国教育将由此进入一个新的历史阶段。那么，美育被重列为教育方针有着怎样深刻的时代背景呢？

对此，大家已形成共识，那就是源于对创新精神的呼唤。的确，在培养创新精神和创新人才的伟大工程中，美育具有突出的地位和重要的作用。而只有拥有一颗充实而自由的心灵，只有精神上摆脱了压抑和枯索，才能进发出创造和创新的火花。心灵的扭曲和干涸，情感的贫乏和荒芜，是绝无创造可言的。而恰恰是在这方面，中国教育存在着严重的不足甚至是缺陷。新中国成立后，美育曾有过一个短暂的黄金时期，但由于时代的局限，美育很快便从教育方针中消失。"文革"十年，教育荒芜，自然没有美育。自党的十一届三中全会以来，教育重新走上正轨，在夯实知识基础、培养学科能力方面成果卓著，为社会主义现代化建设培养了大批优秀人才，填补了"文革"造成的各个领域人才的断层。但是，有识之士也早就感到了教育的隐忧，那就是伴随应试教育而来的种种急功近利的弊端。其中最为突出的就是过分重视知识传授，忽视学生创新能力的培养，学生成了做题的机器，心灵变得苍白而贫乏。另一方面，新技术革命浪潮汹涌，知识经济方兴未艾，飞速发展的社会现实越来越急切地呼唤具有创新意识和创新精神的人才，教育和社会发展的不适应越来越明显。美育，正是在这样的背景下走上了教育改革的前台，从而争得了和德、智、体三育并驾齐驱的突出地位。

从这样的角度来认识美育，有助于矫正目前教育存在的弊端；但是，并没有充分认识美育在人的成长方面具有的巨大能潜。换句话说，仅仅着眼于美育对创新精神的培养，是低估了美育的重要意义。认识美育，必须把她放在汲取先进文明成果，提升未来中国人精神层次、人文素养和公民意识的高度，才能真正明白世纪之交重提美育的重要意义和深远影响。经过 30 多年改革开放洗礼的中国，正阔步迈向世界，伟大的中华民族正巍然屹立于世界民族之林！但是，一个民族的真正强盛是精神富有。支撑民族大厦的脊梁，是人格独立精神健全的公民群体。而美育缺位的教育，是难以培养出人格独立精神健全的公民群体的。这是因为美育最为本质的特征，就是促进人的精神解放和人格健全，就是赋予人以充实而自由的心灵。简言之，美育在铸造人生灵魂和提升人格层次方面具有无可替代的作用。可以这么说，今天，作为教育方针重要内容的美育肩负着的历史使命，就是要提升 21 世纪中国教育的层次和品位，提升 21 世纪中国教育产品——人才的层次和品质，从而适应为 21 世纪中华民族的伟大复兴培育高素质公民群体的需要！

美育，是时代的呼唤！

然而，美育的现状却令人尴尬。首先，理论认识模糊不清。马克思说过，一个民族一刻也不能没有理论思维。理论是实践的先导，没有深刻而清晰的理论指导，实践难免盲目而乏力。虽然党的十一届三中全会以来，学术界对于美育的研究作出了十分可贵的探索，也取得了令人鼓舞的成就，但遗憾的是，这些理论往往还只是停留在书斋，停留在讲坛，停留在理论的探讨和体系的建构上，给人的感觉总是离实践太远，操作性往往不足。甚至在一些最基本问题的认识上还是众说纷纭，令人眼花缭乱，莫衷一是。譬如，什么是美育？美育的性质到底是什么？就一直没有一个令大家普遍接受的说法。

有关学者归纳过，仅关于什么是美育，大概就有十种观点：美育是美感教育，即审美能力的教育；美育是艺术教育，即培养艺术家的教育；美育是情感教育，即使精神愉悦的教育；美育是美学知识的普及教育，即让人知道什么是美的教育；美育是德育教育的一部分，是实施德育的手段（工具）；美育是关于人类自身美化的科学，是人类认识世界，并按照美的规律去改造主观世界和客观世界的一种手段；美育是一种趣味教育，即关于提高人的审美鉴赏力的教育；美育是一种人格教育；美育是个体的审美心理建构的教育；美育是人生态度的教育。[①]

应该说，这些观点都有其合理的因素，都从不同角度或不同层面揭示了美育的部分内涵，有些观点或许是交叉、相互包容的，但也不难看出，有些观点之间相距甚远，甚至是相互矛盾的。学术意见不同是正常的，尤其是美育的有关问题，毕竟研究的时间还很短。但必须指出的一个问题是，不少学者的研究并没有从教育学的角度进行，而是从各自研究的专业视角入手，这就很难对作为教育方针的美育作出准的把握。譬如，有的从哲学的角度，侧重美学本质的思辨；有的从文艺学的角度，侧重艺术鉴赏力的提高；有的

---

① 彭锋：《美学的意蕴》，第244—248页，中国人民大学出版社，2000年版。

从社会学的角度，侧重人格教育、人生态度的培养。这几个角度，相互联系但又各有侧重，在各自的角度都有其自身的独特价值，但对于作为教育方针的美育进行界定，就难免有些脱离教育实际，得出的结论不免离教育实际远了点。

其次，行政管理的乏力。应该说，各级教育行政部门对德、智、体尤其是智育是高度重视的。在管理网络上，有行政管理部门的宏观调控，有教学研究部门的具体指导；而对美育，却似乎没有哪个具体部门或单位在督导和指导，好像教育管理部门仅有一个艺术教育指导委员会。现在较为普遍的看法是，仅仅用艺术教育代替美育是远远不够的，更没有一套完善的机制来保证美育的实施。完善的机制中还应该有一套定性定量的评估指标，譬如校园美育氛围的创造，艺术教育的硬件设施，艺术教育的课程开设，各学科教学中的美育渗透，欣赏美、创造美的活动质量等等，都应该有一个导向性的评估机制，起到指导和促进作用。目前，从行政管理的角度看，美育的管理几近空白，没有管理网络，没有管理机制，没有管理人员，管理力量如此薄弱，美育的落空而不落实，岂不是很正常的现象吗？

当然，话又说回来，美育毕竟是一项弹性较大的创造性工作，操作时难度很大，应该允许有一个逐步摸索、不断创造的过程，但越是难度大的工作，就越需要加大行政管理的力度。教育行政部门应该把它摆上重要的议事日程，制定规划，加强指导，增加人力、物力、财力的投入，将这一项意义重大的工作逐步推向深入，尽快改变目前管理疲软的状况。

理论上的模糊，管理上的乏力，再加上愈演愈烈的升学率的残酷竞争，带来的结果便是校园里美育的严重匮乏。校长办学思想端正一些的，学校管理的层次高一些的，会零星地开展一些美育活动。更多的情况是，在许多校长的心中，还没有美育的一席之地。升学率就是生命线，如此压力之下，谁还有心思开展美育。在这些校园里，美育，还是一块从未开垦过的处女地。如果说，在"极左"的年代里，人们是谈"美"色变；今天，则往往是谈"美"色怪。美育的现实就是如此。没有美育的教育，其弊端是严重的。教育的长周期决定了这些弊端往往隐蔽地存在着，一时不会引起人们的注意；但是久而久之，教育"产品"的缺陷就会慢慢地显现出来。譬如，个性的乖僻，人格的扭曲，艺术素养的不足，创造精神的缺乏等等。

实践，在急切地呼唤着美育理论的指导和行政管理的催生！

美育的困境与对策

美育出现这种尴尬局面的原因是多方面的。实事求是地说，是和现阶段的经济、社会、文化以及教育本身分不开的。

教育的发展和经济发展水平密不可分。马克思主义常识告诉我们，在分析纷繁芜杂的社会现象时，经济基础是诸多因素中的决定性因素。因此，我们探讨美育的困境，不能离开现阶段的经济基础。从现象上看，目前影响学校美育开展的主要原因是片面追求"升学率"，甚至把板子打在高考这根所谓"指挥棒"上。现阶段的高考制度当然还有改革完善的必要，但总的来说还是和经济社会发展水平相适应。问题出在评价体系上，而评价体系的根子在管理体制。助长眼前剧烈的高考竞争的，有学校，更有教育行政领导。为什么？是因为过度行政化的所谓"管理"让学校和教育行政部门不断强化"高考"意识，把高考成绩和所谓"政绩"挂上了钩。教育管理部门没有全面地按照国家教育方针去管理教育，这是问题的根本症结所在。

从文化方面看，我们缺少了一个对美育理论继承和创造的扬弃过程。中国的古代教育虽然也可挖掘出一些美育资源，但总的来说是支离破碎不成体系，缺少现代意义上的美育精神。美育，毕竟产生在近现代文化的土壤中，是和人的个性解放精神自由等现代观念联系在一起的。因此，我们主要还得从近现代教育家、思想家那里寻找思想资源。改革开放以来，对西方美育理论学习介绍的工作取得了突破性的进展，成绩是有目共睹的；但实事求是地说，还是囫囵吞枣地"拿来"居多，结合中国教育实际进行创造性转换的少，给人的感觉总还是离教育实际太远。一个明显的不足是，对中国美育史上绕不过去的泰斗式人物蔡元培，我们就没有很好地学习和继承。蔡元培在美育的意义、美育和创造的关系、美育的实施办法等诸多方面，给我们留下了一笔宝贵的财富。毫不夸张地说，没有蔡元培，在战乱频仍、国运多舛的20世纪初叶，把美育的地位提高到国家教育方针的高度，是不可能的。一方面，是因为蔡元培教育总长、北京大学校长的特殊地位；另一方面，是因为蔡先生作为伟大思想家独到的历史眼光和敏锐的政治视角。蔡元培把美育列为教育方针，是同其资产阶级民主主义的革命理想密不可分的。今天，虽然我们所处的时代和蔡元培所处的社会环境已不能同日而语，但是历史是不能割断的。作为教育方针的美育如何实施？我们没有理由不把眼光投向蔡元培。只有站在巨人的肩上，才能比巨人看得更远。对于蔡元培留下的那笔文化遗产，我们应当实事求是地予以研究、分析，继承其中的精华，根据变化了的历史条件和新的形势，作出我们今天的选择。

从教育本身的角度讲，似乎应当负有更多更直接的责任。如前所述，虽然美育发展受制于大的历史环境，但是教育本身绝不应该无所作为。一方面，教育受社会环境的影响，但另一方面，教育不仅应当而且也可能对社会大环境产生积极影响，校园文化应当对社会文化发挥一定的引领作用，同时，良好的教育生态本身也可以创造有利于美育的小环境。可惜，反观我们目前的教育现状，不能不说是积弊甚多。除了对所谓教育质量（说到底，是"升学率"）的追求之外，对其他工作好像都没了兴趣，没了激情。国家教育方针明确规定的美育，在我们的教育报刊上几乎找不到一点位置（几年前，国家教育部门权威报刊《中国教育报》尚有美育副刊，现在早已经偃旗息鼓）。美育在我们的实践中找不到位置，在我们的舆论上难觅踪影。美育，虽然写进了教育方针，但实际上，离我们的教育实际还很远很远。

一方面，是时代的急切呼唤；一方面，却又是理论准备的严重不足和实践条件十分匮乏。看来，对美育，是到了该认真反思和高度重视的时候了。

从理论上说，有必要开展深入研讨，首先是厘清美育概念，正本清源，让作为教育方针的美育回归教育。

什么是作为教育方针的美育？ 作为教育方针的美育，它应该有自己特定的内涵：从逻辑分类看，它应当是教育学和美学的联姻，但还应该属于教育学，而不是美学和文艺学的嫁接，或者哲学层面的形而上的探讨；从研究的旨归看，是探讨如何实践美育，研究的重点应该是育什么样的人，怎样育人，怎样把握育人的规律（包括如何在教学实践中贯彻美育精神）；从研究的方法看，它应当具有鲜明的实践品格，少一些概念的思辨，多一些操作路径操作策略的研究。总之，它是作为教育方针的美育，而不是文艺范畴里的美育，也不是哲学、美学范畴里的美育。纵观目前关于美育的种种定义，笔者认为，蒋冰海先生关于美育的定义，用来界定作为教育方针的美育，似比较合适。蒋冰海先生关于美育的解释是："美育的重要意义，在于给人的心灵以本质的定性，一切的美育活动，都应从这个基本点出发。心灵，主要指人的思想与情感。所谓'美育给人的心灵以本质的定性，就是审美教育处处要为塑造美的灵魂而奋斗，使人有崇高的审美理想，有正确的方针方向；也就是要有一颗丰富而充实的心灵，并渗透到整个内心世界与实际生活中去，形成为一种自觉的理性力量。"[1] 按照蒋冰海的观点，作为教育方针的美育，就应该定位为陶冶情操、培养个性、健全人格、培养创造精神。它应该是形象生动的教育，不是教条式、八股式的灌输；应该是潜移默化的陶冶和影响，不是美学知识的堆砌；应该是有机渗透在德智体诸方面，而不是名词概念满天飞。譬如德育，如何寓教于乐；智育，如何让知识能力的培养更符合规律；体育，如何感受生命之美、人体之美；劳动技术，如何培养劳动是人的精神需要的观念；艺术教育，如何走出技术训练的怪圈，注重创造意识的培养和创造精神的开发。总之，开展这项工作，最重要的是从我们的教育实际出发，而不是从名词、概念或者什么体系出发。在理论研究的基础上，应出台一份切合实际、便于操作的比较权威的关于实施美育的文件，从目前的教育实际出发，对美育的内涵、意义、方法做些明确的规定，尤其需要为现实中

---

[1] 蒋冰海：《美育学导论》，第 44 页，上海人民出版社，1999 年版。

的教育把准脉搏，切中肯綮地推动素质教育、创新教育的深入开展，从而为学校尤其是中小学美育工作的开展提供切实的指导。美育被列为国家教育方针以来，广大教育工作者积累了不少有益的经验，这些经验为美育指导文件的出台已经提供了可能。

从实践上看，美育需要找到恰当的切入口。目前，美育走向教育实践的最佳切入口在哪里呢?

从课内角度看，亟须加强学科美学建设，让每一门学科在系统地传授知识、培养学生能力的同时，贯彻美的精神，提高美的含量。提倡学科美学，并不是要让每门学科在教学时，来个"穿靴戴帽"，搞一套"学科名词＋美学概念"，那是对学科美学的误解，既不是真正的美育，也不是科学的学科教育。科学的学科美学，应该包括学科知识中"美的原素"的教育，譬如语文学科丰富的自然美、生活美、艺术美，数学学科中几何图形的对称、和谐，化学元素周期表的神奇排列，物理公式惊人的简洁和明快等。但是，学科美学不应仅仅停留在这个层面。美育应该是一种教育的思想和观念，是一种教学的精神和原则。它关注的不是简单的"穿靴戴帽"和"拉郎配"，更应该是指课堂教学要力求凸显学生的主体地位，让学生成为学习的主人，尽可能多地创造让学生活动的机会。同时，教师的教学流程也要努力符合形式美的原则，包括流畅的教学结构，鲜明的教学节奏，疏密相间的教学环节，热烈和谐的教学气氛等等。在这样的课堂上，学生学习活动的过程成为发现和创造的过程，同时，在这发现和创造的过程中，学生的心智也在不断地走向成熟，"人的本质力量"在不断升华，使学习的过程变成"使学生的心灵不断丰富、不断充实的过程，生命不断变得丰富和充实的过程"①。总之，要让学生始终处于一种教学艺术美的享受之中，始终处于一种紧张的愉悦之中（其实也就是审美的愉悦），同时，又在积极地参与教学美的创造之中。在这样的课堂上，学生会在"如沐春风"的愉悦中吸收知识、养成能力，产生一

---

① 叶澜:《让课堂焕发出生命活力》,《教育研究》, 1997 年第 9 期。

种参与的快感和获取的幸福。死气沉沉，枯燥乏味的课堂，学生处于被动接受的地位，是断然与美无缘的，美育也就无从谈起。多年以来，很多优秀老师创造了教育艺术美的成功经验，这是一笔宝贵的财富，可惜缺少总结，尤其缺少从教学艺术美的层面上进行总结。教学艺术美的规律性总结，应该是最生动、最精彩、最有魅力的活的教育学。

从课外角度看，重点是开展丰富多彩的课外活动，而且在课外活动中体现美育精神。譬如开展各种社团、演讲活动等，优化校园的人文环境，培养学生的创新意识；倡导"以人为本，文化关怀"的办学理念，如一位教育家所说，让校园的每一面墙壁都开口说话，发挥育人功能；根据地方特点，结合研究性学习，开设以育人为宗旨的校本课程。要强调提高校园文化的品位和境界，一座塑像，一块草坪，一条标语，都应体现出美的熏陶感染功能。校园的一切，都应是美的。可以简朴，但不能粗陋；力求典雅，但不应浮华；要多创造意境和氛围，尽量少些说教。需要说明的是，同样是课外活动，如果不能凸显学生的个性，凸显学生的主体意识，凸显学生的创造精神，那么，也仍然是与美育无缘的。

为了保证美育实践的深入开展，使美育也能争得与德智体同等重要的位置，从宏观管理角度，谨提以下几点建议：

第一，积极推进教育管理制度改革，改变目前教育行政部门对学校的管理方式。目前，智育一马当先，其他三育尤其是德育和美育还十分薄弱，中小学生道德素养滑坡的现象令人担忧。这当然有整个社会的原因，但近些年应试教育愈演愈烈导致学校德育美育空间愈来愈小，应当是一个不争的事实。其后果必然是急功近利，影响人才的整体素质，影响教育的持续健康发展。我们可以理解市场竞争给学校带来的巨大生存压力，我们也可以理解家长望子成龙的急切心情，但是，我们不能理解的是，面对愈积愈深的应试教育积弊，教育行政部门怎么能为已经是烈火烹油的应试教育再加压力？

第二，师范院校应开设教育美学课，从师资培养的源头上提高未来教师的美学修养。要改革目前师范院校的美学课程计划，开设学科审美教育学，把美学知识同学科教育学结合起来，不仅提高未来教师的美学素质，更提高他们运用美育精神处理学科教学和驾驭课堂的能力，端正他们的教育思想和教育观念。教育美学课的开设应该是培养未来教师端正的教育思想和观念的最重要的途径。这种思想观念的培养并非易事，因为，当今的大学生都是在应试教育的环境中长大的，很多违背教育规律的东西，在他们那里可能会觉得理当如此。这种状况亟须改变。

第三，紧紧依靠师范院校、教育学院的师资队伍，对教育行政领导，尤其是学校校长开展美育理论培训，丰富他们的素养，提高他们的认识。有条件的师范院校，应成立美育研究基地，有计划地建立阵地，出版刊物，组织培训，培养骨干。

第四，各级教科所、教研室应配备美育研究人员，着重研究美育实践中出现的问题，具体指导学校美育工作的开展，尤其是在课堂教学的评估中，如何引进学科美的评价指标，以给广大教师积极的、正向的引导。要通过完善评估机制来督促和加强美育。

倘能如此，再加上全体教育工作者的积极努力，美育或许会蔚成风气，教育或许能面目一新。

若干年前，曾有哲学家预言："教育学可能成为未来社会的最重要的中心学科"，"教育学（人的全面培养）将成为下个世纪（指 21 世纪，引者注）的核心学科"。其依据是，因为"教育学是研究人的全面成长和发展、形成和塑造的科学，是探索关于人性、心理、情感的心理工程。""中国的马克思主义将在论证两个文明建设中把美学—教育学即探究人的全面成长、个性潜能的全面发挥作为中心之一。"[1] 我们有理由相信，21 世纪的教育学在人的发展方面，将要担负着越来越重的责任。教育学要担起时代赋予的这一责任，没有美育的充分发展是不可能的。如果这一预言在 21 世纪成为现实，那么，

---

① 李泽厚：《世纪新梦》，第 6 页，第 17 页，安徽文艺出版社，1998 年版；《批判哲学的批判》，第 488 页，安徽文艺出版社，1994 年版。

我们可以说，21世纪的教育必定是美育受到普遍重视的教育，21世纪的校园必定是美育蓬勃开展的校园，21世纪的课堂也必定是充满着智慧，充满着发现和创造愉悦的课堂。人们有理由期待着。

美育与创造性人才

未来社会需要的是创造性人才。在创造性人才的培养过程中，美育占有十分重要的地位。

提到创造性人才，人们想到的往往是那些天才人物，如科学家、思想家、艺术家，其实这是不全面的。创造性包括"特殊才能的创造性"和"自我实现的创造性"两种，前者指的是各类天才人物的创造性，后者则是人人都可以具有的，虽然不一定能在社会上获得多高的评价，然而对其本人来说是创造了有新的价值的东西的创造性活动，如一个普通的教师、医生、服装师……两种创造性都是宝贵的。天才人物的创造性无疑是"造成人类伟大成就与社会进步的原因"，而普通人物的创造性则也可"使人获得一种满足感，消除受挫感，因此给一个人提供了一种对于自己以及对于生活的积极态度。"无疑，我们的普通教育，不应放弃对后一类创造性的培养，其意义不仅在于"人的自我实现"，更在于提高普通劳动者的创造素质，为社会的发展进步多做贡献。

对于美育，人们也常常产生片面的认识。有一种观点，认为普通学校的美育就是教教音乐、美术，把美育当作"艺术教育"的同义语，常常因为多数人并不能成为艺术专家而放松乃至放弃了音乐、美术课的教学。其实，进行音乐、美术课教学的任务或者说直接任务，并不是为了培养这方面的专家，而是为了通过这些艺术课程，对学生进行审美教育，从而丰富其审美修养。同时，学校的审美教育，也不应该仅仅停留在音乐、美术课，它还有比这广泛得多的内容。环境绿化、人文建筑、教室布置、旅游远足、教师的风度仪表等都可以成为美育的内容，正如苏联美学家尼·阿·德米特里耶娃早先说的，"只有在审美观点和趣味成为心理气质的一部分并且影响到人的行为准则，影响到人对于劳动、对于同志的态度，影响到生活目的和理想的性质的时候，才能真正谈到审美修养。"显然，仅靠音乐、美术课是难以完成美育任务的。

界定清楚这两个概念的内涵是必要的。既然我们所说的创造性人才不仅仅指天才人物而更多的是指具有创造能力的普通劳动者，既然我们所说的美育不仅仅是为了培养艺术家而更多的是为了提高普通劳动者的审美修养，那么，对于我们以培养合格的公民和劳动者为根本任务的普通教育而言，美育就绝不是一项可有可无的软指标，而是落实教育方针、完成教育任务的重要环节。因为，美育和创造性之间存在着密切不可分的联系。"审美感情的实质就是对创造的追求。"忽视美育，便是忽视对创造性人才的培养！而忽视对创造性人才的培养，便是降低了对合格的劳动者素质的要求！

首先，从个体的创造性产生的条件看，个体的审美修养是创造性产生的温床。一位研究创造学的西方学者曾列出对创造力有重大影响的三个因素：动机因素、智力因素、个性因素。这三种因素无一不与审美修养有关。

第一，动机因素。创造性人才需要有强烈的献身事业的精神，需要有专注的注意力。这种"注意力"和"献身精神"固然有为人类造福、推动社会进步的崇高品格在起作用，毋庸置疑，那种追求规律、追求和谐、追求秩序的内心渴望也是十分强烈的。许多科学家为了发明创造，可以忍受常人难以忍受的困难和痛苦，甚至不惜冒着生命危险；还有的科学家在研究过程中常常入迷、如痴如醉。这种对规律、和谐、秩序、统一的渴求正是对美的渴求。美的事物必然是和谐、有秩序、变化而又富于规律性的。可见，丰富的美感修养可以强化人的探求未知的动机。

第二，智力因素。根据大脑生理学的研究，人的大脑分为左右两个半球，一般地把左半球称为理性的脑，它具有理性认识即语言思维、逻辑思维的作用，语言能力和运算能力比较出色。右半球称为感性的脑，具有感性认识即形象思维、直观思维的作用，在空间的把握、形象的认识方面比较出色。要开发创造性，就不能忽视开发右半球的想象力、直观的悟性。而这右半球的想象力、直观的悟性正是美育的功能所在。幻想、联想、直觉悟性的培养，只有通过文学、艺术的长期熏陶才能达到。在创造性劳动中，这两个脑半球的能力是相互作用、相互补充的。因此，许多科学家虽然并不从事艺术创造，可是却具有很高的艺术造诣和美感修养，无疑，这艺术造诣和审美修养对其科学研究工作是起了促进作用的。众所周知的门捷列夫元素周期表的成功创造，便是一个明证。

第三，个性因素。许多研究创造学的学者都指出，创造性人才的个性特点是自信、敏感、内心孤独、蔑视常规等等。这也许指的是天才人物，缺少普遍意义，但无论如何，尊重学生的个性，保护儿童的好奇心，培养儿童正常的兴趣爱好，这对发展学生的创造性是大有裨益的。而美育正是要通过多种形式的活动，用美的甘露滋润学生的情感，养育学生的情操，培养他们爱美的天性，丰富他们敏锐的感觉，尊重他们的个性，保护他们的童真。也许，今天的一个天真的设想，便是明天的一个天才的发现；今天一个幼稚的质疑，便是明天的一个伟大创造！对于个性的重视，国外的创造学者甚至细心到区分不同性别差别的文化特点。他们认为，理性、逻辑的思考，是男性的长处；感性、直观的思考，是女性的长处。因此他们对中小学教师的配备，都注意到男性教师和女性教师的平衡，因为"儿童向男教师和女教师两方面学习，受到两性文化的影响，比只受单方面的影响开发创造性的可能要更大一些。"这恰恰说明个性因素对创造性的影响作用。

其次，从个体与社会的关系看，个人的美感修养是社会美感修养的基础，社会美感修养又是杰出的创造性人才涌现的条件。

曾有人把社会的正常发展的美感修养比喻成一座多层金字塔。如果这一比喻是合理的话，那么，我们普通教育正肩负着为这座"金字塔"奠基的任务。因为我们的培养目标，是千千万万具有一定审美修养的合格公民和具有创造精神的合格劳动者。只有普通公民的美感修养丰富了，才有社会美感"金字塔"的建造；只有有了这社会美感修养的"金字塔"，才有站在"金字塔"顶的人物——卓越的创造性人才的涌现。因为，天才人物的出现是有其特定的社会、历史、文化条件的。创造学家发现，"天才是成群出现的……"，对此，莱斯利·A·怀特解释为文化背景的作用。他说："在文化积累能够提供进行综合的各种必要因素——物质和观念的——之前不可能产生文明或发现，当文化的发展与传播以及正常的文化交流提供了适宜的必要材料时，就一定会产生发明或发现。"无疑，在这所谓文化积累中，美感修养是其重要因素之一。我们的普通教育无论如何也无权放弃美育这一任务。

环顾我们的教育现状，忽视美育的现象已经到了无以复加的地步。许多教育行政部门的领导仍然把升学指标作为衡量学校工作的全部标准；许多农村学校甚至连最起码的美育基础——音乐、美术课都无法开设；很少有人想到学校的美育环境；如何系统地在教育教学的全过程贯彻美育的精神，这在许多人心中，还没有位置。忽视美育的结果必然降低美感修养，扼杀创造精神，最终导致民族素质的"滑坡"！而一个缺乏创造精神的民族，是无法跻身世界强国之林的！

从奥赛金牌到菲尔兹奖有多远？

报载：2010年底，四年一次的菲尔兹奖颁给一位越南出生的数学天才吴宝珠。四年前的上一次菲尔兹奖得主，是澳大利亚华裔数学家，更年轻的天才陶哲轩。1988年，吴宝珠和陶哲轩曾参加了同一届国际奥林匹克数学竞赛，都取得金牌。可是，在中国，几十年来即使是有着优秀民族传统和广泛学科基础的数学，也已经退出世界大奖的席位。虽然多年来，中国学生也曾获得不少奥数金牌。

探析中国教育创新人才培养的成败得失这一宏大话题不是一篇短文所能胜任的。我所关心的，是在创新性人才培养过程中，我们基础教育工作者能做哪些努力，以怎样的心态努力，以及在不同工作状态下教师自身劳动的不同意义。

还是以数学为例吧。著名数学家彭加勒将数学研究中的洞察力同"情感的感受力"联系起来："可能令大家奇怪的是，情感的感受力能唤起相关的数学推理，而后者似乎只能对智力发生作用。这就会使人忘记数学的美，数字与公式之间的和谐以及几何图形的优美。这是每位真正的数学家都清楚的审美感觉，而它也确实属于情感的感受力。"反观我们曾经如火如荼的各种奥赛，我们在发现超常儿童实施培养计划过程中，可曾注意过这些与竞赛专业技能没什么必然关系的情感、动机因素？我们在一轮又一轮竞赛培训过程之外，是否曾在竞赛动机、专业意识乃至意志品质方面做过努力？我们是否在五次三番的解题训练之外关注过他们的个性特点、业余生活和兴趣爱好？尤其重要的是，我们有没有在教学过程中挖掘、展现和传达出学科魅力乃至学科本质之美，让这些超常少年深深地迷恋上你的学科？总而言之，我们是仅仅把目光紧盯在那块闪闪发光的获奖金牌上，还是把选手看作富有创新潜质的人才去培养和塑造？是急功近利直奔主题，就是要摘取那枚能给学校和个人带来无数附加值的奥赛金牌，还是让学生像一个科学领域的探险者一样，一路涉险览胜惊叹感喟？出发点不同，培养过程中的策略路径会有悬殊，教师的劳动体验和精神收获也会迥然有别。

记得若干年前，曾经讨论过我们为什么没有诺贝尔奖？获得诺贝尔奖，那是一个国家文化和科技"金字塔"最顶部的成就。其实，这个问题很好回答。我们注意过打夯基础的工作了吗？万丈高楼平地起，没有坚实的基础，怎么会有万丈高楼的矗立呢？前文引用的莱斯利·A·怀特的话说得再明白不过了。如果仅仅是诺贝尔奖的问题，那也可以不急着考虑，再等它个几十年吧。但是，民族复兴，不能不考虑民族的整体素质；没有民族整体素质的提高，民族复兴谈何容易！我们为什么要发展教育？不就是要提高民族的整体文化素质吗？再退一步说，没有整个劳动者文化素质（美育素质应是文化素质的重要组成部分），即使是经济振兴，又谈何容易？全民族的文化素质与一个国家的经济发展和民族兴衰都是关系密切的啊！

所幸的是，人们的观念毕竟是进步了，美育毕竟被写进了国家的教育方针。美育的重要性也越来越为人们所认识。历史老人的步伐虽然蹒跚，但毕竟是向前的。有时，我也在想，现阶段的经济社会发展水平是不是也在客观上制约着美育的发展？毕竟经济基础决定一切。当一个家庭为子女就业生存而忧心忡忡的时候，当社会上为捧一个好一点的饭碗达到竞争"白热化"的时候，当分数成为决定一切（好学校，好岗位，好待遇，好前程）的关键因素的时候，你要让家长去关注美育素养，那真的是苛求了。但是，学校、教育工作者，有责任站得高一些，看得远一些。我一直有个不一定成熟的想法，那就是教育文化和社会文化的关系问题。教育文化当然会受制于社会文化，但同时也应该对世俗文化有一定的引领作用，不应该成为世俗文化的尾巴。"五四"时期，学校不就走在了世俗文化的前面，而开一代风气吗？剪辫子、放小脚、自由恋爱，这些开风气之先的东西，不都是从新学堂中兴起的吗？李大钊、蔡元培、鲁迅、胡适这些走在时代前列的伟人，不也都是从学校这块阵地向旧堡垒发起了进攻的吗？那么，今天的教育界是缺少这样远见卓识的领袖和大家呢，还是缺少产生这种领袖和大家的宽松环境呢？曾经有人预言：中国未来的大教育家必定产生在民办学校之中。如果是这样，那就是说目前我们主流的教育环境教育制度出现了严重问题。那么，教育环境教育体制的改革就是势在必行的了！

还曾读到媒体上一则有关奥赛的报道。在 2011 年春节之前的一次会议上，素以奥赛金牌闻名全国的北京人大附中校长，因受到社会种种责难而不禁失声落泪，发出了"奥赛不是魔鬼"的强烈抗议。对这位校长满怀同情之余，我想说的是，奥赛是不是"魔鬼"，要看你为什么做奥赛以及如何去做奥赛！奥赛可能是培养创新人才的"天使"，也完全有可能成为扼杀人才窒息创造的"魔鬼"。在目前教育体制僵化、招生竞争激烈、功利意识甚嚣尘上的大背景下，要真正把奥赛办成培养超常少年、造就创新人才的非常之举，是需要一种教育家的视野、胸怀、素养、胆略和气魄的！依我之见，"素质教育"、"创新人才"的口号喊得再响，如果美育的位置没有落实，那么就只能是一句空话。时至今日，究竟为什么要提倡美育，在很多人那里仍然没有搞清楚。有的专家也认为美育仅仅就是艺术教育。到了基层学校，认为我们既然不培养艺术家，因此音乐、美术课就可以不开了。如果认识如此，那么怎么还会有更广泛意义上的美育呢？为整个社会夯实文化（包括美育素养）基础的工作也就很难落到实处。整个社会美育素养的匮乏，从长期来看，必然影响一个国家、民族的整体素质。

从奥赛金牌到创造性人才有多远？从某种意义上说，这个距离就是从漠视美育到真正重视美育的距离！

经典话语

美　育

德育与智育之必要，人人知之，至于美育有不得不一言者。盖人心之动，无不束缚于一己之利害；独美之为物，使人忘一己之利害而入高尚纯洁之域，此最纯粹之快乐也。孔子言志，独与曾点；又谓"兴于诗"，"成于乐"。希腊古代之以音乐为普通学之一科，及近世希痕林、希尔列尔等之重美育学，实非偶然也。要之，美育者一面使人之感情发达，以达完美之域；一面又为德育与智育之手段，此又教育者所不可不留意也。

然人心之知情意三者，非各自独立，而互相交错者。如人为一事时，知其当为者"知"也，欲为之者"意"也，而当其为之前（后）又有苦乐之"情"伴之：此三者不可分离而论之也。故教育之时，亦不能加以区别。有一科而兼德育智育者，有一科而兼美育德育者，又有一科而兼此三者。三者并行而得渐达真善美之理想，又加以身体之训练，斯得为完全之人物，而教育之能事毕矣。

（选自王国维:《王国维文集》，中国文史出版社，2007 年版）

音乐在儿童生活中的重要性

我们知道，大凡健康的儿童，无论是游戏、散步或是工作，他们本能地都爱唱着歌，表现出音乐的律动。因此，我们在教育上，就利用音乐来改善儿童的意志，陶冶儿童的情感，使儿童表现真实的自己，导向于创造性的发展。

反观我国音乐教育，就目前实施的情形来说，大都以音乐作为娱乐科。固然，音乐是个人生活中的一种娱乐，然而实施音乐教学的目的却不在此，还有更伟大的意义在。兹就儿童音乐教学，提出两点意见来跟大家谈谈。

一、我觉得目前一般学校的音乐教学，大都以"唱"为主，着重在技术的陶冶。其实，所谓唱歌，有二方面的意义：一是肌肉运动的歌唱技术；一是从内心而发的精神活动。我们就儿童实际唱歌的情形来观察，好像唱歌的技术是次要的，而所谓从内心而歌的精神活动是第一要义。所以，以儿童为中心来说，所谓唱歌，不单是技术。再以着重个性发展的教育观点来看，对于许多环境不同、素质不同的儿童，用同一方式，强制他们去学习关于音乐的特殊技术，这是很不合理的。所以，以"唱"为主的教学法，很显然是一种谬见。

由于技术陶冶不能达到音乐教育的目的，所以我们进而谈到欣赏指导。欣赏指导是让儿童由听觉所感到音乐的节奏、和声、旋律等，而引起儿童对歌曲有自发的要求的一个教学过程；再由歌曲来表现儿童的情感，并使儿童的情感通过音乐的洗炼，而得到至精至纯的陶冶，以至于引导儿童以快活的精神来创造自己的生活。

二、我觉得现在一般学校实施音乐教育与生活脱节了。学校音乐仅仅是音乐教室里面的"唱歌"和舞台上的"演奏"。殊不知音乐的真正价值，在于我们和音乐接触，可由节奏的美，使肉体和精神起共鸣共感，而表现节度的行动；由和声的美，使人感到调和统一，而养成调和性；再由旋律的美，使人感到永久的统一，而养成统一性。因此，我们要凭着音乐的生气和兴味，渗透到儿童生活里面去，使儿童无论在工作、游戏或劳动的时候，都能有意志统一，行为合拍，精神愉快的表现，使儿童生活音乐化。那么，我们接下去要追问，怎样才能使有生气、充满欢乐的儿童生活音乐化呢？首先，我们要注意教材的选用，最优良的材料，是取自儿童的生活经验，与他所学的各项科目取得联系。譬如说国语科，我们可以取课文中的诗歌而配以曲谱；再如地理科，我们可以依课文讲述的地域，而选用当地的民歌；其他如劳美，体育，更是非与音乐取得联系不可。此外，便是家庭和大众生活的材料，也是不可忽视的。不然音乐又陷于学校的图圄中，而一出校门，便失去了生命，所以我们一定要使家庭音乐、学校音乐、社会音乐熔于一炉，而使儿童整个生活，达于音乐的境界。

总括一句话，音乐在儿童生活中占有极重要的地位，而音乐教育发达到今天，还有待于大家的努力。

（选自陈鹤琴：《陈鹤琴教育论著选》，人民教育出版社，1994年版）

郊游、体育、劳动的教育价值

怀特认为，作为教育工作者，我们不能仅仅满足于让学生了解各种生活方式（例如游牧人是怎样生活的），而要告诉他们不同生活方式的不同指导原则，让他们能够作出自己的选择。根据这个观点，让学生认识离群索居的生活方式和消遣方式（如划独木舟，单身一人登山）的价值，对于帮助获得对大自然的审美体验是很重要的。然而，这种体验是难以用教育的方式获得的。例如，我们常常想获得安宁、平静的感觉，过一段离群索居、与大自然独处的生活，可是往往行不通。再如我们也不能对学生们说："现在就去吧，去尝尝审美体验吧！"即使在优美的自然环境下，学生们也或多或少地知道什么叫作"审美体验"，我们对学生发出这样的命令，学生也不一定能获得审美体验。可是，正如许多学校都鼓励学生们去随意浏览书刊和绘画，认为这对他们很有用处一样，我们也应该让学生常常不抱任何目的地去欣赏大自然，仅仅去听、去看，不要提问，也不要进行什么逻辑思考。……

形体动作的表演和活动也可能带来审美享受，这一点是不容置疑的。许多体育著作都曾论证审美享受在体育教学中的重要价值，不过，有些著作不免有些夸张。贝斯特在论证体育与审美的关系方面作出了有价值的贡献。他将体育分为"目的性"体育与"审美性"体育两类。"目的性"体育包括球类和田径等大部分运动项目。在这些项目中，成绩与姿式互不相关，所以审美兴趣可有可无；"审美性"体育指跳水、技巧、花样滑冰等等。因为这些项目的评判标准是姿式、气质、风格，所以形体动作与成绩分不开，也就是说，具有更高的潜在审美价值。

关于体育与美育之关系的著作卷帙浩繁，这里不再做进一步探讨，而只提出三点请读者注意。第一，从审美的角度来说，体育教学的最理想结果就是学生们学会对体育运动作出批判性反应和评价，但并不一定亲自参加体育活动（就像对待艺术一样）。许多体育评论家就像艺术评论家一样，并没有强壮的体魄或者超人的技巧，但他们对体育运动的评论却毫不比运动员或运动专家逊色，甚至更加出色。

第二，一个正在观看板球比赛的观众可能没有多少板球知识，甚至也不知道比赛成绩。但他或许能够欣赏运动员的优美姿势。（但如果将姿式、动作与技术、战术联系在一起进行审美欣赏，就必须有充分的板球知识和较高的审美欣赏能力。）例如，某位观众可能根本就分不清投球与击球的区别，但他从审美的角度观看比赛，非常欣赏某位投球员的奔跑和跳跃的姿式，觉得他就像鹿一样矫健。

第三，我们也许应该强调，在"目的性"运动项目中，运动员的比赛成绩并不足以判断他是否获得了审美上的满足。当然，也不能把他的成绩与他得到的审美享受分开，正如贝斯特所说，运动员的乐趣并不是单独的、孤立的，而是与比赛和运动联系在一起的。但是，可以想象，如果一个工人对自己的工作感到满意，那是因为他觉得自己的工作效率很高，并不是因为有人从审美的角度欣赏他的工作（如果他的工作出了差错，那也与审美毫无关系）。正如波尔所指出的，一名板球手可能十分赞赏另一名板球手的高超的球技，但他的赞赏之情并不含任何审美成分。体育运动与装饰蛋糕、刺绣等等出于典型的审美兴趣的活动不同，要想证明运动员的乐趣含有审美成分，就必须拿出充分的证据，也就是说，必须证明他对自己正在从事的运动进行了某种想象。他的乐趣中包含着想象的一面，他认为自己的运动即使仅仅从观赏角度看，也很有价值。

（选自 H.B.雷德芬：《美育理论问题》，春秋出版社，1989 年版）

第八讲 蔡元培美育思想

魂兮归来蔡元培

蔡元培（1868—1940）字鹤卿，文字孑民，浙江绍兴人。我国近现代著名思想家、教育家。

27 岁时应散馆考试，授职翰林院编修。戊戌变法失败后弃官离职，南下从事教育救国实践，曾任浙江绍兴中西学堂监督（校长）一职。1902 年参与创立中国教育会，被选为会长，倡导和实践新式教育，并积极投身革命活动。1907—1911 年留学德国，开始研究西方美学，写作美学论文，把西方近代美学思想介绍到中国。辛亥革命后，蔡元培曾任南京临时政府第一任教育总长，后来长期担任北京大学校长。

蔡元培是我国近代美育的真正首倡者和奠基人。上任国民政府教育总长伊始，即刻着手教育改革。首先是制定教育方针。他在《对教育方针之意见》一文中，即把美育主义作为国民教育五项方针之一，美育由此迅速走向中国教育，产生广泛而深刻的社会反响。1917 年，蔡元培在北京大学校长任上提出"以美育代宗教"的口号，阐述美育对于社会和人生的重要意义。

20 世纪的中国教育注定要和美育结缘！

世纪之初（1912 年），时任国民政府教育总长的蔡元培先生极力倡导美育，终将美育写进了国民政府的教育方针；在经历一个世纪的风风雨雨、曲曲折折之后，1999 年，全国教育工作会议又一次确定美育为国家教育方针。于是，在星移斗转世纪交替的宏大背景下，我又时常于晚雨敲窗夜阑人静之时，捧起这本封面已经褪色，薄薄而又沉重的《蔡元培美学文选》，默默地和先生对话，品尝一代伟人思想和智慧的醇香，也品尝悠悠岁月酿就的孤独和苍凉。

历史好像绕了一个圈。当然，这是一个螺旋式的圈。然而，这个"圈"对于蔡元培，尤其是对于蔡元培的美育思想，究竟意味着什么呢？似乎还研究得很不深入。在"风雨如晦，鸡鸣不已"的20世纪初叶，蔡元培的美育主张如同他所追求的资产阶级社会理想一样，最终只落得个"无可奈何花落去"的凄凉结局。所以，蔡元培的塑像，在文学家的笔下，是"不管如何变了角度端详，总觉得先生的目光微含忧郁，抑或是期待；淡淡的，淡淡的，像是壮士闻鸡，又像是英雄凭栏……"（卞毓方《煌煌上庠》）然而，不可否认的是，当年，蔡元培高瞻远瞩，把美育写进了国家的教育方针，无论怎么评价其意义都不为过。这无疑是现代中国教育史上最为重要的一块奠基之石。蔡元培，无论怎么说，都应当是中国教育史上绕不过去的一位泰斗。

想当年，蔡元培先后掌教育部和北京大学之门，也算是中国教育文化界的一个重量级人物。在教育方针中首倡美育，更是开一代风气之先，被毛泽东誉为"学界泰斗，人世楷模"。蔡元培和鲁迅，同是浙江绍兴人，秀丽的浙东山水孕育出了这两位二十世纪中国思想文化界的巨人。鲁迅小蔡元培13岁。当年，鲁迅还是因为蔡元培的提携和推荐，才当上了教育部的一个佥事，恰恰是分管蔡元培先生极力倡导的美育（另有图书馆、博物馆）。由此既可以看出两人之间非同寻常的关系，也可以发现蔡先生对美育的格外重视。然而，岁月沧桑，世事纷纭。与鲁迅的崇高地位和巨大影响形成鲜明对比的是，蔡元培却在很长的一段日子里，被人们忘记了。虽然，北大校园里蔡元培那座塑像依然静静肃立，但作为一位伟大的思想巨人，是不是显得过于寂寞了点？

我们真的能绕过这样一位现代文化史上的巨人吗？不可能，也不应该！历史唯物主义告诉我们，历史是不能割断的。只有站在巨人的肩上，才能比巨人看得更远。对于蔡元培留下的那笔文化遗产，我们应当实事求是地予以研究、分析，继承其中的精华，根据变化了的历史条件和新的形势，找出符合实际的解决问题的办法。

今天，美育，越百年风云横空而来，又一次被列为国家教育方针，当然绝不是一次简单的复归或轮回，其背景和意义都不可同日而语，这是在中华民族迈进 21 世纪走向伟大复兴的关键时刻，是中国教育在面临着重大使命和严峻挑战的复杂背景之下作出的历史性选择。美育，肩负着神圣的使命！可是，美育的现状实在令人担忧。如果说，蔡元培的年代里，兵荒马乱让美育凄凄惶惶；"极左"的岁月中，"极左"思潮让美育成了"异端"；今天，美育堂而皇之地成了国家教育方针，可急功近利、"全面"追求升学率的"怪魔"又把美育"逼"进了十分尴尬的境地。美育，真的是命运多舛啊！

所以，我们想起了蔡元培！不仅仅是要怀念。面对如此丰富的一笔思想文化遗产，我们应当怎样去接受呢？时代不同了，我们新时代的美育大厦难道能在一片"废墟"中拔地而起？当我们以迈向新世纪的豪情与走向世界的胸襟，在教育方针的大旗上，醒目而严肃地写上"美育"的时候，我们有没有想起过蔡元培这个响亮的名字？我们今天的美育，如何从蔡元培的美育思想中汲取营养和精华，完成学术发展史上必不可少的"扬弃"过程，寻找出今天创造美育辉煌的策略和路径？

我们有理由期待着，我们也有理由担忧着。期待着，是因为美育是美丽的，教育会因美育而美丽，社会也会因美育而美丽；担忧着，是因为在教育通往美丽的路上，横着的"拦路虎"实在太多。走笔至此，忽然想起了若干年前曾经听到的一位外国教育家说的一句话。这位教育家在惊叹于我们很多学校精美硬件设施的同时，又说了一句意味深长的话："你们别的都好，就是学生没有个性，而且学得太累太累！"想到此，心头不禁有些黯然：美育，你在哪里？蔡先生，魂兮归来！

蔡元培的美育思想贡献

在美育问题上，蔡元培先生给我们留下了哪些思想遗产呢？

首先是美育于人生的意义。他认为，美育可以提高人的道德情操，培养人的献身精神和创造能力，以便为救国为革命为建设出力。他说："人人都有感情，而并非都有伟大而高尚的行为，这是由于感情推动力的薄弱。转弱而为强，转薄而为厚，有待于陶养。陶养的工具，为美的对象，陶养的作用，叫作美育。""所以吾人急应提倡美育，使人生美化，使人的心灵寄托于美，而将忧患忘却外。""救国者，艰苦之业也。墨翟生勤而死薄，勾践卧薪而尝胆，范仲淹先天下之忧而忧，后天下之乐而乐。断未溺情于耳目之娱，佻靡之习，而可言救国者。""常常看见专治科学，不兼涉美术（即美育，引者注）的人，难免有萧索无聊的状态。无聊不过，于生存上强迫的职务之外，俗的是借低劣的娱乐做消遣；高的是渐渐地成了厌世的神经病。因为专治科学，太偏于概念，太偏于分析，太偏于机械的作用了。"

正是从这种积极的审美观点出发，他才那样看重美育，认为"美育为近代教育之骨干"。他一生倡导美育，在实施美育过程中，始终把提倡美育和反对封建专制、批判宗教迷信、反对帝国主义侵略紧密联系在一起。这在当时的历史条件下，进步意义是不言而喻的。今天，人们对美育的冷漠，是不是与人们对美育的意义认识不足有关呢？只要看一看社会上有些人空虚的精神状态（如报刊披露的大造生人墓，在大街上比赛扔钞票，浪掷千金以买一笑等），看一看本该是精神贵族的大学生乃至高级知识分子中都有精神苍白、灵魂缺血（譬如"硫酸泼狗熊"）的人，就可知道，提高人的道德情操和人生品位的任务，依旧艰难而又任重道远。实现中华民族的伟大复兴，又是多么需要美育来陶铸和砥砺全民族的民族精神！

其次是美育与创造的关系。蔡元培倡导美育的另一个动机，就是认为美育能激发创造精神。以美术教学为例。美术是美育的一个重要途径，但是应该如何进行美术教学呢？蔡元培认为，一定要让孩子自己去创造。

美育之在普通学校内，为图工音乐等课。可是亦需活用，不可成为机械的作用。从前写字的，往往描摹古人的发帖，一点划，依样后来葫芦，还要说这是赵字哪，这是柳字哪，其实已经失却生气，和机器差不多，美在那里？学校教育注重学生健全的人格，故处处要使学生自动。通常学校的教习，每说我要学生圆就圆，要学生方就方，这便大误。美术所以为高尚的消遣，就是能提起创造精神。

蔡元培指出这一点非常重要，抓住了美育的精神实质。因为如果美育仅仅就是为了陶冶情操，那么，美育就仅仅是享乐、消遣，并没有什么特别重要的意义。而如果美育能培养创造精神，能激发创造的欲望，并且能促进智力的发展，其意义就非同小可了。于是，蔡元培发出了这样的号召："文化运动不要忘了美育"，并且获得了当时教育界和社会的响应和拥护。至于美育为什么能促进创造力，蔡元培没有多作论述，但这个判断无疑是正确的。已经为近一个世纪的学术成果所证明。反观我们今天的艺术教育，蔡元培批评过的现象依然存在。不重视艺术课的开设，随意减课停课并不鲜见；或者，仅仅把音乐美术当作一种"技能"去培养，而不是把艺术课当作培养学生创造精神、创造意识的重要载体。不同的观念和认识，在艺术教育实践中的做法和效果是会有很大差距的。

第三，蔡元培以思想家的睿智和深刻，拓展了美育的范围。蔡元培敏锐地提出了一个著名观点，即学校的美育不限于音乐、美术，甚至也不限于文学。蔡元培指出："凡是学校所有的课程，都没有与美育无关的。例如数学，仿佛是枯燥不过的了；但是美术上的比例、节奏，全是数的关系；截金术是最明显的例子。数学的游戏，可以引起滑稽美感。几何的形式，是图案美术所应用的。理化学似乎机械了；但是声学与音乐，光学与色彩，密切得很。雄强的美，全是力的表示。"蔡元培不愧是一个卓越的教育家，他有着常人所不具有的目光。就像当年在北大石破天惊地提出"思想自由，兼容并包"的方针一样，蔡元培的学科美学观，其意义也是非常深远的。它不仅拓宽了美育的研究领域，尤为重要的是，它为学科美学的发展指出了一条方向。而这一点，在此之前，还从来没有人指出过。关于蔡元培学科美学思想的意义，下面将专节论述，此不赘述。

学科美育之外，蔡元培还深刻地指出，美育不仅限于学校，家庭、社会都有其各自的责任。在《美育实施的方法》一文中，他详细论述了社会美育要从专设的机关做起：美术馆、美术展览会、音乐会、剧院、影戏馆、历史博物馆、古物学陈列所、人类学博物馆、植物园、动物园；地方的美化包括道路、建筑、公园、名胜的布置、古迹的保存等等。显然，蔡元培是把美育作为一个系统工程加以考虑。即使在今天看来，这一思想也还是颇有见地的。

最后，就是把美育列为教育方针。应该说这是蔡元培对中国教育的一个卓越贡献。虽然，由于当时历史条件的限制，作为教育方针的美育不可能得到有力的贯彻和实施，但是，正是借助于此，美育在教育界、学术界才产生了广泛而深远的影响。而在此之前，中国社会和教育界对美育在教育中的重要性还是很陌生的。在这方面，蔡元培国民政府教育总长的位置和在学术界的巨大影响，起了决定性的作用。这无疑对促进后人认识美育具有重要意义。

蔡元培：学科美学前驱者

如前所述，蔡元培的美育思想宏旨博大，影响至深至远。同时，蔡元培关于学科美学的议论，虽然只是只言片语，但却别具慧眼，见识非凡。在学术研究上常常有这样的现象：有时，有人高瞻远瞩、言简意赅地指出一个研究方向，比在同一层面上的长篇大论要重要得多。蔡元培的学科美学观当属此例。虽然，目前还远远没有引起教育界和学术界的重视，但一定会越来越被未来的实践所证明。沿着蔡元培指出的方向继续研究，我们或许可以开辟出教育美学的一条重要路径——学科教育美学。已经有学者指出：学科教学在经历了知识中心、能力中心这两个发展阶段之后，正向着审美中心的方向发展。审美中心，意味着学科教学突破知识、能力本身，而和人的生命人的发展紧紧地联系了起来。正是从这个意义上说，蔡元培的学科美学思想极具前驱意义。

在蔡元培生活的年代，虽然美育被写进了教育方针，但由于时代的局限，蔡元培的美育思想并没有得到很好的落实，其学科美学思想当然也不可能引起深入研究。今天，美育已被列为国家的教育方针，创造性人才培养被摆上重要地位，课程改革早已走上教育改革的前台，在此背景下深入研究学科美学，应该是必要的，也是及时的。

在展开学科美学重要意义的讨论之前，有必要界定学科美学的内涵。笔者认为，学科美学的完整内涵，应该包括三个层面的内容。

（1）教材的审美因素，即蔡元培先生所说的"美育之原素"。这些美育的原素应该在每个学科门类中都能找到，而且是和智育因素水乳交融地结合在一起。一个成熟的教师，在确定智育教学内容时，自然应该努力挖掘这些蕴含在学科内部的"美的原素"，发挥这些"美的原素"对学生的美育功能。到目前为止，人们理解的学科美学往往局限于此。

（2）课堂教学艺术的审美因素。包括课堂教学流畅的结构，鲜明的节奏，疏密相间的环节，热烈和谐的教学气氛……总之，课堂上师生共同创造出来的能让学生始终处于享受之中的教学艺术美。这种美不同于文学艺术等其他门类的艺术之美，而是始终让学生处于一种境界之中。这种"境界"我谓之"紧张的愉悦"或者"审美愉悦"。这种氛围，不仅在学生知识能力的生成上有"催化剂"作用，而且让学生在情感上"如沐春风"。

（3）人的审美因素。这里的人包括学生和教师。当然首先是学生。美育的"真正意义，在于给人的心灵以本质的定性……也就是要有一颗丰富而充实的心灵。"学科美学就是要凸显学生在课堂上的主体地位，让课堂不仅是学生学习的过程，而且是学生不断地"发现和创造"的过程，心灵不断变得丰富和充实的过程，生命不断发育和成长的过程。教师也是这样。让教师的劳动成为创造的过程，让教师在教学劳动中焕发出智慧和理性的光辉，体会创造和成功的喜悦。在这一过程中，教师和学生互为主体客体。既是对方欣赏的审美客体，更是生命和心灵不断发展的主体。

对学科美学的内涵做这样的界定是非常必要的。近些年，人们对学科美学的认识存在着这样那样的误区，与对学科美学内涵的理解有直接关系。一方面，人们对学科美学抱着消极的态度，不承认学科美学的独立价值。认为搞学科美学是故弄玄虚，多此一举。另一方面，在1980年代"美学热"的影响下，也的确在研究中存在着一定的"泛美化"倾向，缺少对学科美学的深刻理解，动辄就是什么美什么美，实际上就是学科概念加美学术语的穿靴戴帽而已，其结果也在一定程度上影响了学科美学的声誉。界定清楚学科美学的内涵，对于我们全面理解学科美学的意义大有帮助。

为什么要构建学科美学？首先，这是由教育的根本目的决定的。教育的根本目的在于培养人、塑造人。培养学生求真、向善、爱美，促进其人格的全面发展，这就是教育的全部意义所在。一个世纪以前，蔡元培先生就曾经指出，没有美育的教育是不完全的教育。进入21世纪的今天，现代文明的发展进程使得教育越来越需要关心人的心灵和人格，美育的责任也就越来越重。教育学不能没有美育；开展美育，也离不开学科美学。如同没有美育的教育是不完整的教育一样，离开学科美学的美育也是不完整的美育！理由之一：学生在校学习的绝大部分时间是在课堂学习各科知识。如果学科教学的美育不能落实，离开课堂这个教育的主阵地去另外开展美育，必然是走马看花，蜻蜓点水。既无充裕时间，也是舍本逐末。理由之二：学科教学本身就蕴藏着极为丰富的美育元素。不抓住这些美育元素实施美育，既是美育资源的极大浪费，也不利于心智的全面发展与成熟。理由之三，如前所论，构建学科美育，有利于教师和学生解放精神，激发创造热情，有利于师生高扬生命意识，让教学过程始终伴随着美的欣赏和创造。教育的根本目的就是人的成长和发展。学科美学让教育的这种终极关怀首先从课堂做起。

构建学科美学，也是学科教学自身发展规律的需要。任何事物，如果缺少自身的内在需求，或者说不符合自身的发展规律，是不可能有长久生命力的。学科美学也是如此。学科美学要求从整体把握上，用美的规律去指导教学。只有符合美的规律的教学，才能让学生更好地掌握知识，发展能力。违背美的规律，也势必背离该学科的教学规律。因为从根本上说，美和真是相通的。哲学家告诉我们："对客体合规律性与主体合目的性相统一的主体感受可能是开启对客观规律的科学发现的强有力的途径，例如对类比、同构、相似等强烈敏感、直观选择和自由感受便是与科学的真有关的。"成功的教学设计，必然体现美学精神，符合美学规律；相反，张弛失度，条理紊乱，则必然影响教学效果。许多优秀教师的实践都证明了这一点。学科美学也是从学科教学改革的角度，着眼于教育规律的追求和人的发展提出的重要举措。

构建学科美学，还是时代对教育的要求和呼唤。有学者说，20世纪是自然的世纪，21世纪是人的世纪。它的含义指21世纪的科学研究可能要更多地关注人自身的发展规律。如果此说成立，那么，教育更多地关注人、研究人自身的成长和发展，就是非常必要的了。从社会对教育的要求来看，知识经济时代已经到来。知识经济呼唤的是大批具有创新能力的创造性人才。从生理的角度看，人的创造性的开发，同人大脑右半球的发展有关；从创造心理的角度看，创造性人才需要有强烈的献身精神和专注的注意力，这种素质同人内心对规律、秩序、和谐的强烈的美的需求感有关。总之，美育同创造性人才的关系十分密切。一个时代有一个时代的教育。21世纪的时代呼唤全面关注人的教育。全面关注人的教育不能不关注美育。关注美育不能不关注学科美学。

目前，学科美学园地还几近废墟。它首先面临着教育大环境的种种制约。虽然，美育已被写入国家教育方针，但是整个社会的重视程度不够，应试教育严重制约着学科美学的发展。其次，人们对学科美学的认识也很不到位。再次，学科美学还缺少一支能够胜任学科建设的人才梯队。随着时代的发展和教育改革的深化，可以预见，美育大环境一定会逐渐优化，学科美学必将走上教育改革前沿。为适应这一形势需要，提高中小学教师队伍学科美学素养的问题日益迫切，师范院校提高教师学科美育素养的工作也愈显重要。为此，建议高等师范院校设置学科教育美学课程，并不揣冒昧，对该课程提出以下设想。

当前，高等师范院校应对美学课做较大改革，师范院校的各个系科（不仅是文科）都应开设学科教育美学课程。首先应该明确，我所说的学科教育美学课程，不是现有的美学课程。目前师范院校的美学课程开设范围太窄，仅限于文科，同时因为照搬综合大学的美学课程，内容脱离教育实际，根本不能适应学科美学的需要。其次，本文所说的学科美学课程内涵，也非学科教学法课程所能涵盖。目前师范院校普遍开设的学科教学法课程，也常常涉及一些学科美育方法的介绍和指导。但多在技术层面，缺少理论构建，而且一鳞半爪，不成系统。本文所说的学科美学课程，应该结合教育学、学科教学、教师职业实际，在哲学、文化的理论层面和教学操作的实际层面，为师范院校学生胜任未来教师工作提供系统教育和培训。它是美学、教育学和学科教育学的"杂交"，在美学、教育学和学科教学法的结合部生长出来的一门新学科。跟美学课程相比，它应该少些抽象的纯理论思辨，譬如什么是美，什么是美感之类的形而上的问题，但是应该让学生（师范学生——未来教师）明白教育美在哪里，怎样去发现、创造和体验教育之美。跟教育学相比，它应该少些说教、枯燥和烦琐，譬如教育本质、教学注意、教学环节之类和教育教学实际脱节的内容，但是应该让学生明白教师劳动的特点和规律，明白教师对学生发展的重要意义，明白教师的每一次教育劳动怎样去激励学生，怎样去和学生一起享受教育的快乐。跟学科教学法相比，它应该少些机械操作的程序和方法，多一些让学生明白本学科的美育元素、教学规律、学科教学创造的艺术。总之，它应该是一门教育的兴趣学，让未来的教师学了它能够热爱教育；它应该是一门教师的成功学，让未来的教师学了它，能握有一把成功的"钥匙"。

如果这一设想能够成为现实，那么，从教育工作的第一道工序——师范教育开始，就重视学科美学，强化教师的美育意识，完善教师的审美结构，提高教师的美育素质，这样，具有高度美育素质的教师队伍造就成功之日，就是学科美学工作深入开展之时；学科美学"点"的突破，必然带来整个学校美育"面"的普及。如此，则是教育之幸，民族之幸！

美育与人生（节选）

人的一生，不外乎意志的活动。而意志是盲目的：其所恃以为较近之观照者，是知识，所以供远照、旁照之用者，是感情。

意志之表现为行为。行为之中，以一己的卫生而免死、超利而避害者为最普通；此种行为，仅仅普通的知识就可以指导了。进一步的，以众人的生与利为目的，而一己的生与利即托于其中；此种行为，一方面由于知识就可以指导了。进一步的，以众人皆死而一己不能独生，众人皆害而一己不能独利；又一方面则亦受感情的推动，不忍独生以坐视众人的死，不忍专利以坐视众生的害；更进一步，于必要时愿舍一己的生以救众人的死，愿舍一己的利以去众人的害，把人我的分别，一己生死利害关系，统统忘掉了，这种伟大而高尚的行为，是完全发动于感情的。

人人都有感情，而并非都有伟大而高尚的行为，这由于感情推动力的薄弱。要转弱而为强，转薄而为厚，有待于陶养。陶养的工具，为美的对象；陶养的作用，叫作美育。

美的对象，何以能陶养感情？因为他有两种特性：一是普遍；二是超脱。

……

既有普遍性以打破人我之见，又有超脱性以透出利害的关系；所以当着重要关头，有"富贵不能淫、贫贱不能移、威死不能屈"的气概；甚至有"杀身以成仁"而不"求生以害仁"的勇敢；这是完全不由于知识的计较，而由于感情的陶养，就是不源于智育，而源于美育。

所以，吾人固不可不有一种普遍职业，以应利用厚生的需要，而于工作的余暇，又不可不读文学，听音乐，参观美术馆，以谋知识与感情的调和。这样，才算是认识了人生的价值了。

（选自《蔡元培美学文选》，北京大学出版社，1983 年版）

对于教育方针之意见

本此五主义而分配于各教科，则视各教科性质之不同，而各主义所占之分数，亦随之而异。国语国文之形式，其依准文法者属于实利，而依准美学者属于美感。其内容则军国民主义当占百分之十，实利主义当占其四十，德育当占其二十，美育当占其二十五，而世界观则占其五。

修身，德育也，而以美育及世界观参之。

历史、地理，实利主义也。其所叙述，得并存各主义。历史之英雄，地理之险要及战绩，军国民主义也。记美术家及美术沿革，写各地风景及所出美术品，美育也。记圣贤，述风俗，德育也。因历史之有时期，而推之于无终始，因地理之有涯，而推之于无方体，及夫烈士、哲人、宗教家之故事及遗迹，皆可以为世界观之导线也。

算学，实利主义也，而数为纯然抽象者。希腊哲人毕达哥拉士以数为万物之原，是亦世界观之一方面，而几何学各种线体，可以资美育。

物理、化学，实利主义也。原子电子，小莫能破，爱耐而几（Energy），范围万物，而莫知其所由来，莫穷其所究竟，皆世界观之导线也。视官听官之所触，可以资美感者尤多。

博物学，在应用一方面，为实利主义。而在观感一方面，多为美感。研究进化之阶段，可以养道德，体验造物之万能，可以导世界观。

图画，美育也，而其内容得包含各种主义：如实物画之于实利主义，历史画之于德育是也。其至美丽至尊严之对象，则可以得世界观。

唱歌，美育也，而其内容，亦可以包含种种主义。

手工，实利主义也，亦可以兴美感。

游戏，美育也；兵式体操，军国民主义也；普通体操，则兼美育与军国民主义二者。

（选自《蔡元培美学文选》，北京大学出版社，1983 年版）

美育（节选）

美育之设备，可分为学校、家庭、社会三方面。学校自幼稚园以至大学校，皆是。幼稚园之课程，若编纸、若土、若唱歌、若舞蹈、若一切所观察之标本，有一定之形式与色泽者，全为美的对象。进而至小学校，课程中如游戏、音乐、图画、手工等，固为直接的美育；而其他语言与自然、历史之课程，亦多足以引起美感。进而及中学校，智育之课程益扩加；而美育之范围，亦随以俱广。例如，数学中数与数常有巧合之关系。几何学上各种形式，为图案之基础。物理、化学上能力之转移，光色之变化；地质学的矿物学上结晶之匀净，闪光之变幻；植物学上活色生香之花叶；动物学上逐渐进化之形体，极端改饰之毛羽，各别擅长之鸣声；天文学上诸星之轨道与光学；地文学上云霞之色彩与变动；地理学上各方之名胜；历史学上各时代伟大与都雅之人物与事迹；以及其他社会科学上各种大同小异之结构，与左右逢源之理论；无不与智育作用中，含有美育之原素；一经教师之提醒，则学者自感有无穷之兴趣。其他若文学、音乐等之本属于美育者，无待言矣。进而至大学，则美术、音乐、戏剧等皆有专校，而文学亦有专科。即非此类专科、专校之学生，亦常有公开之讲演或演奏等，可以参加。而同学中亦多有关于此等美育之集会，其发展之度，自然较中学为高矣。且各级学校，于课程外，尚当有种种关于美育之设备。例如，学校所在之环境有山水可赏者，校之周围，设清旷之园林。而校舍之建筑，器具之形式，造象摄影之点缀，学生成绩品之陈列，不但此等物品之本身，美的程度不同；而陈列之位置与组织之系统，亦大有关系也。

（选自《蔡元培美学文选》，北京大学出版社，1983 年版）

第九讲　李泽厚美学思想

谁是李泽厚？

十多年前，在易中天的随笔集《书生意气》里，第一次读到了下面的故事：

> 李泽厚已经不时髦了。2000 年冬天，——也许正所谓"世纪末"吧，李泽厚应邀南下作客一家开在大学附近的民营书店。书店老板是个做事低调的人，对此并未大事张扬，只不过在店门口贴了一张不起眼的小告示，却也引得一群青年学子注目。他们兴高采烈地指指点点奔走相告：太好了！李泽楷要来了！

接下来，是易中天一番意气风发淋漓酣畅的议论，分"缘起"、"机遇"、"魅力"、"意义"、"历程"、"末路"，对李泽厚做了一次所谓全面"盘点"。那时，易中天还没有上过"百家讲坛"，其人其书远没有后来那样红火，但我还是毫不犹豫地买下了这本《书生意气》，吸引我的不是别的，正是这一番洋洋洒洒近二万言的"盘点"。多年来，我已经养成了不放过任何涉及李泽厚的阅读习惯。仔细读下来，平心而论，易中天对李氏哲学、美学、思想史等诸多学术成就以及世道人心的剖析评述，分寸拿捏大体还算准确到位，其娓娓道来如数家珍，的确也显示出其不俗学养和非凡才情。尽管易中天也说，听到上面这个真实的"笑话"时有些笑不起来，甚至，在那一瞬间，还感到了世事的苍凉，似乎表现出对李先生的无限同情和深刻理解；但是，掩卷之余，总有一个印象挥之不去，那就是多多少少还是有点近乎黑色幽默。

这个故事，后来流传甚广曾被多处引用，我就不止一次两次地看到过。后来，在写作《李泽厚学术年谱》的过程中，我和李先生有过多次交谈。我曾就此问过李先生，他说："这是我一位香港朋友编撰的，并无其事，但很真实，因为我已过时了。"但说也奇怪，就这么一位"过时人物"的名字和书，却日甚一日地重又红火了起来：出版于1998年前后的《世纪新梦》《论语今读》《己卯五说》一印再印；新作也是一本接着一本，《历史本体论》《人类学历史本体论》《李泽厚集》《哲学纲要》《伦理学纲要》《该中国哲学登场了？》《中国哲学如何登场？》《回应桑德尔及其他》；尤其是，李泽厚体大思精的"人类学历史本体论"哲学思想，内涵日渐丰富，思路愈益清晰，在国内外学术界的影响也与日俱增。

2009年，由著名哲学家 Constantin V. Boundas 主编的《哥伦比亚二十世纪哲学指南》由哥伦比亚大学出版社出版，这是一部面向哲学研究者和研究生的权威性著作，其中中国哲学章节共收入九位哲学家，作者安乐哲将其分为两类，第一类包括梁漱溟、牟宗三、冯友兰等七位新儒家，第二类"马克思主义的改革者"仅收毛泽东和李泽厚两位，而且先以整整两页文字评述李泽厚，在全文所介绍的九位中国哲学家中所用篇幅最长。（参见《二十世纪哲学指南中的李泽厚》，《中华读书报》2013年12月11日）同样值得一说的是《诺顿理论和批评选集》，这是一本甄选、介绍、评注从古典时期至现当代世界各国批评理论、文学理论的权威性著作，所入选的篇章皆出自公认的、有定评的、最有影响力的杰出哲学家、理论家和批评家。2010年此书出第二版，共收入一百四十八位作者的一百八十五篇作品，始于古希腊的柏拉图、亚里士多德，号称"最全面深广"、"最丰富多彩"的选本，将成为理论和批评的"黄金标准"。编者在"前言"的开头自豪地宣称，第二版的最重要新特色之一是选入四位非西方学者的著作，其中就包括中国的李泽厚。（参见《走向世界的李泽厚》，《读书》2010年第11期）

诚然，那个误把李泽厚当作李泽楷的故事也不完全是空穴来风。1990年代整整十年，李泽厚在国内主流媒体的确是被全面"冷藏"，哲人的声音似乎是完全消失了！在这个十年里成长起来的大学生只知李泽楷而不知李泽厚也就不足为奇。即使是进入新世纪，李泽厚的学术研究已然跃进了一个全新境界，但是再也没有重现 1980 年代"凡有井水处即能歌柳词"的繁华景象。那时候，几乎每个文科大学生宿舍都能找到李泽厚的《美的历程》，甚至有人说那一拨人就是"读朦胧诗和李泽厚长大的一代"。于是难免有人有世事沧桑白云苍狗之叹。

其实，真正的智者总是走在时间的前面；真正有力量的思想总是引领时代，尤其是在波谲云诡价值混乱的社会大变革时期。1980 年代的李泽厚，曾在哲学、美学、思想史三个领域刮起思想旋风，鳌头先占，风骚独领；1990年代，浪迹天涯的李泽厚，看似远离国内学术中心，在科罗拉多高原上悠闲散步，其实，那与其说是"退隐"，不如说是"迂回"，他那犀利而温情的目光，一刻也没有离开过中华故园，没有离开正在深刻转型、急剧变革的中国社会。《世纪新梦》中的一篇篇长文短论，无不聚焦一点：在中国向着现代化目标高歌猛进的伟大历史进程中，人，如何自处？如何生存？如何不再是冷冰冰的数字，而寻找到自己的精神家园？用李泽厚的话说，就是"伦理主义与历史主义的二律背反将来是否可能在这里获得某种和解"？在关注现代化语境下人的个体命运的同时，李泽厚思想触角还一如既往地伸向家国天下：如何圆一场中华民族的世纪新梦？呼啸奔驰着的现代化列车如何与传统的民族文化根基和谐共振？为此，李泽厚开始了他的思想和文化寻根，《论语今读》的崭新诠释正是他的寻根心得，努力从古老的民族智慧土壤中生长出现代文明之芽，李泽厚谓之曰"转化性创造"。进入新世纪，李泽厚进入了又一个学术创造高峰。如前所述，他已赫然成为 20 世纪中国学术走进世界的标志性人物。在李泽厚的思想词典里，单单由李泽厚创造并且为学术界认可、充满理性光辉和逻辑魅力的学术概念就有近 20 个之多，诸如已经广为人知的"积淀"、"文化心理结构"、"人的自然化"、"西体中用"、"实用理性"、"乐感文化"、"儒道互补"、"儒法互用"、"历史主义与伦理主义的二律背反"、"情本体"、"社会发展四顺序"，等等。哲学的使命是唤醒，思想的价值在启迪，这也许就是哲人的魅力！

不同于 1980 年代李泽厚风靡大学校园，此时的李泽厚却是在民间流行，而且，读者年龄和职业的覆盖面很广。既有 1980 年代的大学毕业生，带着深深的怀旧情绪从李泽厚那里重温往昔激情，也有 1990 年代以及之后的迷茫学子，面对乱花迷眼的社会现实，从李泽厚那里寻找生活、工作以及社会人生的答案；既有干部、教师，也有军人、学生，甚至包括商界人士，而且往往在相互信任的人之间口口相传，有老师影响学生，有同学劝勉同学。大家就这样不声不响悄悄地读着，层次不同但一样深爱，角度有异而各取所需，都能从中汲取到思想营养和人生智慧，乃至透视纷繁世相寻找生活慰藉的能力。

我自己还曾不止一次经历过这样的事。两个朝夕相处的同事，双方无话不谈，还曾一起出过差，有过不止一次的促膝交谈，但是，三五个甚或六七个寒暑下来，竟然都不知对方也是李泽厚的"铁杆粉丝"。直到有一天，这一层窗户纸被偶然地捅破，才恍然如人生初见，于茫茫人海中觅得知己，从此，在各自心灵深处，油然获得一种情感、志趣甚或人格的高度认同。如同列宁在《欧仁·鲍狄埃》一文中的经典言说："一个有觉悟的工人，不管他来到哪个国家，不管命运把他抛到哪里，不管他怎样感到自己是异邦人，言语不通，举目无亲，远离祖国，——他都可以凭《国际歌》的熟悉的曲调，给自己找到同志和朋友。"于是，热爱李泽厚，在这里成了一种精神密码，一座心灵互通之桥。

三年前，我曾编选过一本《李泽厚论教育·人生·美——献给中小学教师》，在该书"后记"中，我比较详细地回顾了自己多年沉浸于李泽厚中所获得的教益和惠泽。一位曾经在同一教研组共事的朋友给我打来电话，告诉我，他也是读着李泽厚成长起来的，也是从李泽厚那里获得极大的帮助，我的体会也正是他的感受。而在这之前，我们之间从来没有说起过彼此的这一阅读经历，更谈不上交流阅读体会了；尽管我们曾经是一个教研组的同事，尽管我们分开后还一直保持比较密切的联系。也许，如果不是读了我的这篇"后记"，我们就这么一直非常熟悉地"陌生着"。我不知道，在我们身边，还有多少这样熟悉的"陌生人"。一位朋友告诉我，他在商务印书馆买书，店员看他专在挑李泽厚的书，于是主动和他攀谈起来，一开口就滔滔不绝，对李泽厚的熟悉程度令我的这位朋友大吃一惊。

由此，我想到了一句古老的格言：学在民间。它可能包含两层意思：其一，真正的学问，特别是原创性的思想与学术，都是在民间萌生，也只能出自民间，而不大可能来自喧嚣势利的庙堂。其二，只有在民间流行的思想才是真正有力量的思想，老百姓不认同的思想不可能有恒久生命力。纵然权势力撑，或者还有豪华包装可以赢得一时风光，但终将在时间的淘洗中败下阵来，"总被雨打风吹去"；真正的风流，却是"吹尽狂沙始到金"。真正的思想者是不会寂寞的，因为它深深植根于民间这片希望的田野，也在温暖的民间找到自己的知音。这样的例子不胜枚举：从度关西去、自我放逐的老聃，到周游列国、栖栖遑遑的孔子，从终生隐居、足不出哥尼斯堡小城门户的康德，到远离故土、平生常与饥饿相伴的马克思……古今中外，概莫能外。江湖之远是思想的温床，民间立场是哲人的生命。

李泽厚之所以在民间流行，当然首先因为其哲学的深刻与高度，因为其思想的深邃与成熟，同时，也因为其独特的文风，因为其清新活泼珠圆玉润一般的文字。尤其是对于从"文革"走出来的那些饱受思想贫乏和假大空言语之苦的一代人。作者那睿智思想、优美文笔和平实态度的完美统一，曾为许多人所赞叹和玩味不已。作为当代著名学者，李泽厚的文字表达了对理论和现实中许多问题的思考，这种思考迸发出的思想火花往往十分耀眼；而这种深邃思想的表达，却又没有半点装腔作势、故弄玄虚，功力深厚而举重若轻，绚烂之极而归于平淡。著名文论家刘再复对李泽厚的文风也曾给予极高评价。刘再复认为李泽厚的文章是"学问"、"思想"、"文采"三者统一的范例："人文科学似乎无需文采，但是他的《美的历程》《华夏美学》的历史论述，却那么富有诗意，客观历史与主观感受乃至人生慨叹那么相融相契，这不能不说是一种人文异象。"其实，岂止是这两本谈美学的书，李泽厚所有著作都具备了学问、思想和文采的统一，即便只是一两百字的小序，也总是写得情理交融，饱满丰润，哲理与诗情交融，朴实与蕴藉同在，读来有清风扑面沁人心脾之感。我自己的体会是，读着那一篇篇或长或短、挥洒自如的文字，犹如和一位长于思辨的智者聊天，如坐春风，不经意间，时时感受到思想（动词！）的愉快和幸福。有人说，语言特别能体现一个人的质量、品格与气象。你一张口就暴露了你是谁，想瞒都瞒不住。诚哉斯言！这大概就是中国传统文论中的经典之谈：文如其人！对于诚实的写作者而言，文章即人。李泽厚的文章堪称是思想和文字完美统一的典范。

1986年，李泽厚在《中国现代思想史论·后记》中曾说过一段意味深长的话，他认为，在中国近百年六代知识者的思想旅程中，康有为、鲁迅、毛泽东是最重要的三位；但是，他们还不是世界性的大思想家。他们作品内容的深度和广度还不够用这种世界性的尺度来衡量，还不能产生真正世界性的巨大影响。因为当时的中国还没有走进世界。"因此，当中国作为伟大民族真正走进了世界，当世界各处都感受到它的存在影响的时候，正如英国产生莎士比亚、休谟、拜伦，法国产生了笛卡尔、帕斯卡尔、巴尔扎克，德国产生了康德、歌德、马克思、海德格尔，俄国产生了托尔斯泰、陀思妥耶夫斯基一样，中国也将有它的世界性的思想巨人和文学巨人出现。这大概要到下个世纪了。"弹指一挥间，三十年过去了！可能令李泽厚本人也没有想到的是：随着改革开放给中国带来的历史性变化，随着中国作为伟大民族走进世界的巨人般的脚步，这位声言只愿"为明天的欢欣而努力铺路"同时又执著地"走我自己的路"的孤独思想者，却以哲学、美学领域思想巨人的形象昂然走进了世界！当然，同样重要（也许更为重要）的是，也同时在自己民族的民间深深扎下了根，播下了思想的种子。如果说，是改革开放的伟大时代催生了李泽厚这一思想巨人，那么，李泽厚思想也必将对中国现代化的伟大历史进程产生更为深远和巨大的影响。历史已经证明并且还将继续证明这一点。

李泽厚是谁？时间已经作出说明，并且还将继续作出更为精辟的说明。

李泽厚哲学的召唤

李泽厚不是教育家。在他庞大的学术体系里，几乎没有教育的一席之地。然而，哲学家的人文情怀使他在演讲、著作、谈话的边边角角之处，涉及教育问题，而且把教育提到了从未有过的高度。李泽厚认为，教育不能没有美育；21世纪的教育学将成为最重要的一门中心学科，教育学，将走上历史的前台，承担起艰巨而光荣的历史使命。他说："语言学是二十世纪哲学的中心，教育学——研究人的全面生长和发展、形成和塑造的科学，可能成为未来社会的最主要的中心学科。"哲学的使命是唤醒。李泽厚这一预言式的论断，其科学依据和历史背景是什么，对于教育宏观走向和发展具有怎样的启示？迄今似尚未引起学术界的重视。

自1980年代，中国现代化浪潮风生水起，初踏进现代化门槛的人们还处于极度的惊讶或者眩晕之中，有那么一位哲人，一方面为即将或正在到来的现代化呐喊助威，一方面却又十分清醒地用另一只眼睛注视着这急剧变革的现实，思考着现代化进程中所要面对的种种问题。他，就是李泽厚。

哲学关注的是人的命运。李泽厚对教育问题的关心，是与他的历史本体论哲学思想密切相关的。在李泽厚看来，历史的发展，实践的活动，对人类的影响表现在两个方面：一、所谓工具本体，就是社会的发展从根本上说取决于生产力水平的进步和提高；二、所谓心理本体，就是历史社会的发展进步最终也应带来人的心理情感的丰富和提高。后者以前者为前提，但后者并非前者的必然结果。换言之，物质生产的进步并不会必然带来人心理情感的丰富和成熟；相反，现代化程度越进步越发展，人的矛盾困惑越显突出，心理情感问题越显重要。解决人的这一心理情感问题只能靠教育。李泽厚认为，社会的现代化程度越高，人们的心理建设任务越重。大工业生产，高科技生产，高速度，快节奏，竞争激烈，必然带来人的心理焦虑和人际关系紧张，人成了科学技术和机器的"奴隶"，人也异化了自我。李泽厚说："在现代科技高度发展的社会，文化心理问题却愈来愈迫切而突出，不是经济上的贫困，而是精神上的贫乏、寂寞、孤独和无聊，将日益成为未来世界的严重课题。……不仅是外部的生产结构，而且是人类内在的心理结构问题，可能日渐成为未来时代的焦点。"高速的社会节奏，必然打乱农业社会田园牧歌式的闲适和悠然，引发所谓"现代化焦虑"，因此，现代化背景下人的心理建设愈加重要而且紧迫。

不止是"现代化"焦虑。社会发展进步带来人精神的独立、解放和自由，但同时，也增加了人命运的偶然性和人生的漂泊感、荒谬感，人越来越找不到自己的精神家园，"寻根意识"将会越来越浓烈。李泽厚说："个体的命运愈益由自己而不是由外在的权威、环境、条件、力量、意识……所决定。从而偶然性愈益突出。"李泽厚认为，现代化将在时间和空间双重纬度上带来人的解放。在时间上，人将愈益占有更多的纯粹由自己支配的自由时间，人们不需要终日将自己绑架在机器上，从而更多地获得了自我的自由生活。在空间上，人成了"地球村"的世界公民，活动空间的急剧扩大，也使人命运的偶然性急剧增大。这是历史发展的二律背反。自由时间增多了，生活半径扩大了，本是现代化送给人类的幸福礼物，可同时，却也给人们带来更多的孤独和荒谬，人的精神家园却在现代化进程中丢失了。人们"无可依靠，无所归宿，于是只有自己去寻找、去确定、去构建自己的命运。人生即在此偶然性的旅途中，自己去制造戏剧高潮。"

李泽厚的这些论述大都发表于 1990 年代初，当时，我们举国上下还在讨论市场经济是否必要，是否适合中国国情时，李泽厚已经敏锐地认识到，经济发展之后，还有一系列的问题要接着研究解决。譬如对人的尊重，对人的情感的尊重，不能只见经济不见人。30 年后的今天，当我们的经济建设蓬蓬勃勃如火如荼的同时，人的心理建设却出现诸多问题。我们必须承认，李泽厚"现代化焦虑"和"家园感消失"的论述，绝非杞人忧天故作耸人听闻之论，而是高屋建瓴领先于生活脚步的卓识远见。也许这就是哲学的魅力。哲学是时代的长子。它总是走在时代的前面，给人们指出前行的方向。

由此，李泽厚把拯救的目光投向教育，寄厚望于 21 世纪的教育学科。

李泽厚是如何阐述教育学的巨大功用的呢？

首先，李泽厚对教育学给予了极高的学科定位。他认为，教育学作为一门科学，首先要研究如何进行心理层面的建设问题："人类一切认识的主体心理结构（从感觉知觉到概念思维等）都建立在这个极为漫长的人类使用、创造、更新、调节工具的劳动活动之上。多种多样的自然合规律性的结构、形式，首先是被保存、积累在这种实践活动之中，然后再转化为语言、符号和文化的信息体系，最终内化、凝聚和积淀为人的心理结构，这才产生了和动物根本不同的人类的认识世界的主体性。从哲学上提出这个问题，在今天，对科学认识论和儿童心理学、教育学都有重要意义。"

李泽厚不是从教育学和心理学的角度提出问题，而是从哲学的视角看待教育。教育学如何进行这个"内化、凝聚和积淀"？我想，这是我们教育科学研究者的任务和使命。哲学只负责提出问题。李泽厚也不例外，他是用哲学家的眼光来看待这个问题的。另外，从哲学层面上看，他也认为教育学责任重大。"从哲学层面说，是怎样研究去真正树立人性，即研究人怎样才能既不只是机器又不只是动物。也许只有教育才能解决现代社会所面临的人既是机器的附属品又是纯动物性存在的状况。这种分裂的人格，如吸毒、暴力等，不完全是社会原因造成的（当然大有社会原因），而是人性中有许多问题。只有研究教育，研究人性，也许才能较好地消解这些问题。""主体性哲学对人的（人类的和个体的）名义的探索正由于包括对主体性建构的了解在内：外的（工艺社会的）建构与内的（文化心理的）建构，而大有可为。后者的重要性将日益突出。所以我强调，教育学（人的全面培养）将成为下个世纪的核心学科。"核心学科，就是比其他学科都重要，都关键，教育学何其荣幸！今天，我们还在讨论教育学是否是一门独立的学科，有没有成为独立学科的条件，哲学家已经把它推上了"历史的祭坛"，成为21世纪的核心学科。

其次，在如何建设精神文化心理问题上，李泽厚也有自己的深入思考，他的思考方向首先是着眼于传统文化的创造性转换。在《世纪新梦》一书中，他进一步提出，人类不仅要关注精神心理层面的建设，而且还明确了建设的途径和方向，那就是建设自己的民族文化，让本民族的文化成为人们精神之根。他强调："经济力量推动的世界一体化的社会物质生活，迫切需要有各民族文化特色的多元化的精神生活来做必要的补充，否则这个世界便太单调太贫困了，完全成为被商品和科技统治着的异化的可怕世界。在物质生活、衣食住行不再贫困之后，人们对精神生活的要求，丰富、多样、文化多元化会日益增大和强烈。保持和发扬各民族的文化和特点，将成为今天和今后极为重要的工作。其中如何对抗和消解由现代经济和科技所带来的文化损失和精神危害，便是关键之一。决不能让经济和科技主宰和决定一切，教育学、人性和心理本体将成为未来的中心建设。"也许正是基于这样的认识，李泽厚不惜丢下自己的哲学美学研究，做了一件他自己并不喜欢做的工作，重新诠释《论语》，用了洋洋36万字的篇幅，写了一本《论语今读》，对中国文化的源头之作重新作出解释，我们可以把这看作是作者构建中国人精神家园的一个切实举动。他在《论语今读》的前言中说："尽管我远非钟爱此书，但它偏偏是中国文化的某种'心魂'所在。我至今认为，儒学（当然首先指孔子和《论语》一书）在塑造、建构汉民族文化心理结构的历史过程中，大概起到了无可替代、首屈一指的严重作用。"这已经把这本书的写作意图说得非常明白。既是汉民族的心魂所在，作为关心中国人精神家园建设的哲学家当然要着力了。可贵的是，李泽厚完全用现代眼光而不是用"经院派"作法展开研究。用他自己的话说，先是"解构"，打碎陈腐的一套；解构之后，再去重建，让"天地国亲师"（对此，李泽厚有自己的一套解释，这里不展开）成为"中国人对宇宙自然、家园乡土、父母、兄弟、夫妻、朋友师长、文化传统的某种道德和超道德的情感认同和精神归依"。李泽厚说的"寻找、发现由历史所形成的人类文化——心理结构，如何从工具本体到心理本体，自觉地塑造能与异常发达了的外在物质文化相对应的人类内在的心理——精神文明，将教育学、美学推向前沿，这即是今日的哲学和美学的任务。"应该就是这个意思。

再次，李泽厚笔下的教育学有着特定内涵和目标："教育学的任务就是要探究和建设人的心理本体，作为美学内容的美育，便是这样。"显然，在李泽厚看来，教育学发挥建设心理本体作用的途径便是美育。只有充分发挥美育功效的教育学，才能承担起这一重任。李泽厚还对美育的内涵作了清晰的界定："康德的（美育）不脱离感性，只是抽象的心理；在席勒，也只是抽象的人，但他提出了人与自然、感性与理性在感性基础上相统一的问题，把审美教育看作由自然的人上升到自由的人途径，这仍然是唯心主义的乌托邦，因为席勒缺乏真正的历史的观点。马克思从劳动、实践、社会生产出发，来谈人的解放和自由的人，把教育建筑在这样一个历史唯物主义的基础之上。"不是所有的美育都能承担起这一责任，只有按照马克思主义的观点，建立在社会大生产和人的社会实践基础之上的美育才能为人类的精神建设服务。这当然仍然是按照李泽厚实践美学观点作出的解释。哲学层面上的思辨，我们无力置喙。但人的心理意识等精神层面上的东西，一定是在长期的社会实践基础上形成和发展的。我想，这一点不会有错。这和马克思的历史唯物主义观点是一致的。

其实，按照李泽厚的观点，与其说是让教育学走向前沿，还不如说是让美育走向前沿。因为，没有美育含量的教育学，是不可能担当起心理建设的重任的。所以，重视美育，重视在教育学科突出美育的因素，就成了李泽厚哲学的逻辑结论。李泽厚这方面的哲学著述，多数还是在上个世纪80、90年代，他可能是从西方社会发展的现实预感到了这一点。今天，当我们已经跨进21世纪的门槛，我们真切地感到，在教育学科强化美育，已成为时代的必然和历史的召唤。所以，20世纪的最后一年，中国政府把美育纳入了教育方针，在国家政策层面同德、智、体育地位平等。可见，这已成为国家意志和社会共识。

"19世纪：哲学关注的是对人类宏观历史的把握；20世纪：西方哲学为语言学统治；21世纪：与生理学遗传工程等充分发展相适应，教育学、心理学将继历史学和语言学走上哲学的祭坛。……中国的马克思主义将在论证两个文明建设中，把美学—教育学即探究人的全面成长、个性潜能的全面发展作为中心之一。"哲学的使命是唤醒。李泽厚哲学已经对教育学发出了急切的呼唤。可惜，我们的教育学，我们的美育准备好了吗？从美育列为教育方针后的实践看，我们的教育远远没有准备充分。或许，究竟为什么把美育列为教育方针，在一些人那里还很茫然。仅仅是艺术教育？仅仅是情感陶冶？仅仅是为了培养创新人才？都是，但又都不全是。从根本上说，营造人类的精神家园，为人的精神心理奠基，使人们能在充分享受高度发达的物质文明的同时，还有一个诗意的精神家园。这才是美育的现代使命！若干年后，当我们的现代化水平发展到一定阶段之后，社会可能要面临更为突出的"家园感消失"的问题，时代将会对我们的教育学提出更高的要求。教育要担当起这个大任，非大改造不可。时代迫切呼唤教育的改革。

当然，这个教育学应该不是我们通常意义上传授教育教学技艺的教育学，而是能够运用美育精神建构人们精神和心理的新的教育学。对此，李泽厚有他自己的阐述："教育不能狭义地理解为职业或技能方面的训练和获得，如在今天世界各地特别是在资本主义社会里那样。教育的主要目的是培养人如何在他们的日常生活、相互对待和社会交往活动中发展一种积极健康的心理。"其实，就是必须包含美育的让人全面发展的教育学。这里的美育不是哲学论中的美育，也不是艺术论中的美育，而是教育实践中的美育。我想，应该就是我们现在所说的作为国家教育方针的美育。如果我们把教育定位为人的全面发展，应该就是李泽厚所说的教育学了。

让我们一起来直面和回应李泽厚哲学的召唤吧！

李泽厚美学的启示

作为美学家，李泽厚早在1950年代的美学大论战中就已卓然成家，与朱光潜、蔡仪三分天下，各执牛耳；更为辉煌的其实是1980年代。1981年，一个新的伟大时代刚刚拉开序幕，李泽厚王者归来，以一部《美的历程》风靡知识界。相比之下，出版于几年之后、为1980年代的个人学术画上句号的《华夏美学》和《美学四讲》，可能更具美学意味。此前，以《批判哲学的批判——康德述评》为标志，李泽厚的治学方向已悄然转向；风起云涌的改革现实，曲曲折折的现代化之路，导引着李泽厚的学术路径，显然，哲学、文化、思想史和现实的干系更为密切，而美学之于李泽厚，似乎渐行渐远。李泽厚自己也云："《美学四讲》之后，我就和美学告别了。"

但是，思想的力量是强大的！如同李泽厚哲学可以为教育带来巨大的思想启示一样，李泽厚美学对于构建教育美学也同样具有诸多思想启迪。对于这种思想启示和启迪的巨大价值，我们今天还远远没有认识。本书拟从三个方面做些展开，期待引来更多同道的关注和批评。

第一，李泽厚美学分类思想为教育美学确立了逻辑前提。

1980年，正是"美学热"方兴未艾之时，李泽厚在《美学》杂志发表长文《美学的对象和范围》，第一次提出对于美学分类的设想：美学分基础美学和应用美学。基础美学包括哲学美学和科学美学，科学美学又分心理学的和社会学的研究；应用美学或称实用美学，包括艺术部类的美学、建筑美学、科技美学、社会美学、教育美学等。李泽厚认为：美学领域极为广阔，既不能把美学还原为各种实用学科，等同于各门具体学科的经验学；也不能仅仅规定为理性哲学，完全否定或排斥在实践基础上的审美鉴赏。美学不但与哲学、心理学、社会学有关，而且也与教育学、工艺学、文化史、语言学……都有许多直接或间接的关系。它与艺术门类各部类的实践与理论——无论是电影、戏曲、话剧、音乐、舞蹈、书法、美术、建筑、文学的关系当然就更为密切了。从各个领域、各个角度都可以提出和研究各种不同的美学问题。

在美学大家李泽厚那里，这个论断也许只是一笔带过而已（此后也曾偶或论述到技术美学问题），他自己更为关心的当然是他的人类学历史本体论哲学及其美学观，但是，却给大量从事实践研究的人们带来极大的启发，如同有人指明了一条学术新路。而有时候，这种关键问题上学术路径和方向的指引和点拨，其实是十分重要的，而指路者本人却未必认识到。

1980 年代，那是一个充满激情和诗意的年代，是一个充满生机和创造的年代。几十年"极左"政治的扭曲，整整十年"文革"的摧残，学术界蛰伏着、涌动着一股强大的潜能量，而此时，这股潜能蓄势待发只是仍在寻找方向，在摸索着前行。譬如教育领域，1987 年，郑钢以"关于建立教育美学的构想"为题发表论文，明确提出学科意义上的教育美学概念。紧接着，一批研究成果相继问世。据不完全统计，仅公开出版的教育美学论著就有：叶学良著《教育美学》(四川人民出版社 1989 年版)，王焕武、宫立都、高文超著《教育美学》(黑龙江教育出版社 1992 年版)，何齐宗著《教育美学》(重庆出版社 1995 年版)，郑钢、杨新援编著《教育美学论稿》(湖南教育出版社 1996 年版)，冉铁星著《贫困的教育美学》(湖北教育出版社 1999 年版)，崔光宙、林逢祺主编《教育美学》(台湾五南图书出版公司 2000 年版)，袁鼎生主编《教育审美学》(广西师范大学出版社 2001 年版) 等。关于教师美的研究著作有：杨明森著《教师美学》(职工教育出版社 1989 年版)，王枬著《美丽教师——教师职业美的研究》(广西师范大学出版社 2002 年版)。关于德育美的研究著作有檀传宝著《德育美学观》(山西教育出版社 1996 年版)。[①]

诚然，如同本书导言所论，这些成果，无论是对于教育美学的研究深度和广度，还是作为一门学科所理应具有的体系与逻辑，都是仅仅处于起步阶段，其不成熟之处显而易见，而且，有一些致命弱点从根本上制约了这门年轻学科的发展。但不管怎么说，教育美学已经破冰启航了！教育美学的建立对于重建教育学中人的尊严和主体地位意义重大，影响深远。我国政府在世纪之交时恢复了美育在教育方针中的地位，即是其重要成果之一。

第二，李泽厚美学本质思想为教育美学奠立了思想基础。

---

① 李如密：《国内外教学美学研究状况及存在问题》，《教育学术月刊》，2008 年第 1 期。

什么是美的本质？美的根源究竟何在？这是美学论争中的一个重大问题。1950 年代的美学大论争也主要围绕这个问题展开。对此，限于题旨，本文不做过多展开。但是，李泽厚关于美学本质的思想却为教育美学提供了坚实的思想基础。李泽厚认为，美的根源在于"自然的人化"，这是他自 1950年代到 1980 年代一以贯之的观点。

> 关于美的本质，我还是 1962 年"美学三题议"中的看法，没有大变化。仍然认为美的本质和人的本质不可分割。离开人很难谈什么美。我仍然认为不能仅仅从精神、心理或仅仅从物的自然属性来寻找美的根源，而要用马克思主义的实践观点，从"自然的人化"中来探索美的本质或根源。如果用古典哲学的抽象语言来讲，我认为美是真与善的统一，也就是合规律性与合目的性的统一。[①]

在李泽厚看来，美是和人类实践紧密相连的，因之，其美学观也被谓之实践论美学。美作为自由的形式，首先是指这种合目的性（善）与合规律性（真）相统一的实践活动和过程本身。它首先是能实现目的的客观物质性的现实活动，然后是这种现实的成果、产品或痕记。这种自由必须是具有客观有效性的伟大行动力量。这种力量之所以自由，正在于它符合或掌握了客观规律。换言之，只有掌握了客观规律的实践活动或成果，才可能是美的；只有驾驭了客观规律的主体实践，才是美的创造或达到了美的境界。由此可见，真正的教育美是什么？教育美的根源或本质是什么？就是遵循了教育客观规律的教育教学实践活动及其成果。明白了这一点，我们可以很清楚地看到，教育之美的前提是遵循教育规律，教育美的根源在遵循规律的教育教学实践，研究教育美学的根本目的在于研究如何更好地遵循教育规律。如此说来，教育之美和教学有效非但不矛盾，而且正是一枚硬币的正反两面；非但

---

① 李泽厚：《美学的对象与范围》，《美学》杂志，第 3 期，上海文艺出版社。

是一枚硬币的正反两面，教育美学还必须是也只能是这枚硬币的正面！因为教育美学是保证教育教学有效的前提。只有真正遵循教育教学规律的教育教学活动，才是美的；而真正创造出教育美的教育教学实践活动，也势必是符合教育客观规律的，其教育教学的有效性也自然得到保证。相反，如果不遵循教育教学规律，不遵循教育美的创造规律，那么教育教学实践也不可能真正有效；非但不会有效，还会做出有违教育规律和人的成长规律的"假教育"或"反教育"来。

在本书导言《教育美学的回归与重建》中，笔者曾对前些年诸多教育美学理论提出商榷和批评，认为其教育美学理论根本失误在于将教育学和美学作简单嫁接，让教育美学成了美学的"附庸"，而荒废了本该属于教育学的园地。其实，这只是问题的部分原因，是对教育美学学科边际的模糊和混淆；同时，还与一些论者对鱼龙混杂的美学理论选择不精、取舍不慎有关。总的说，美学还是一门十分年轻的学科，美的奥秘还远远没有被人们透彻认识，加之1980年代正是各种新学说新思潮纷纷引进之时，乱花迷眼，大潮涌动，人们还很难屏气凝神地审慎选择最恰切的美学理论以阐释实用美学现象（当然也包括教育美学）。事实上，在眼花缭乱的美学理论家族中，最适合用来担当各类实用美学的理论根基的，就是李泽厚的人类学历史本体论哲学和实践论美学（和马克思的历史唯物主义一脉相承）。因为其哲学和美学理论的核心，乃是基于人类的伟大实践，基于合目的和合规律的人类实践活动，基于这种实践过程中人类的自由创造。如果打一个比方，就是大家熟悉的"庖丁解牛"的著名故事，那种"合于《桑林》之舞，乃中《经首》之会"的艺术境界，就正是美的境界；那种恢恢乎游刃有余的"进乎技"的劳动过程，就正是美的根源；那种"提刀而立，为之四顾，为之踌躇满志"的愉悦和欣慰，就正是美的享受。在诸家美学观点中，至少，在诠释实用美学这一点上，李泽厚的实践论美学最为清晰，最为彻底，也最具理论魅力和逻辑说服力。李泽厚美学思想为我们打开了一条进入教育美学的最佳通道。这可是这位哲学大师根本没有想到的送给教育的一份不菲的礼物！

第三，李泽厚以美启真思想为教育美学提供了强有力的理论支撑。

如果说，李泽厚美学分类观为包括教育美学在内的一批实用美学门类颁发了"准生证"，其美学本质思想为建立教育美学打开了一条通幽曲径，那么，李泽厚美学观中的一个著名观点"以美启真"，则是为教育美学理论研究和实践操作提供了坚实的理论支撑和有力的思想武器。

什么是"以美启真"？即：合规律性和合目的性相统一，这个"通向美的问题"和直觉正是他们所发现或引导他们去发现科学的真理。爱因斯坦把这叫"自由的创造"，李泽厚把这叫"以美启真"。它不是逻辑的归纳或演绎，它也不是纯理性的东西，而总与个体的感性、情感、经验、历史以至气质、天赋有关。在《美学四讲》一书中，李泽厚引述了一系列例子来予以说明。

彭加勒说，"发明就是选择"，选择不可避免地要受感情的影响以至支配，其中包括科学上的美感。彭加勒把难以言喻的美作为科学理论的完满标准。

日本物理学家汤川秀树说："他（爱因斯坦）追求自然界中尚未发现的一种新的美和简单性。抽象总是一种简单化的手段，而在某些情况下，一种新的美则表现为简单化的手段。爱因斯坦和少数物理学家才有的一种审美感，……而美感似乎在抽象的符号中间给予物理学家以指导。"

数学家哈代说："数学形态像画家、诗人的形态一样，必须是美的。……要定义数学美可能非常困难，不过这种数学美与其他任何种类的美一样真实。"

物理学家杨振宁说："狄拉克在 1963 年的 Scientific American 写道：'使一个方程具有美感比使它去符合实验更重要'，……今天，对许多物理学家来说，狄拉克的话包含有很大的真理，令人惊讶的是，有时候，如果遵循你的本能提供的通向美的问题而前进，你会获得深刻的真理，即使这种真理与实验是相矛盾的。"①

为什么可以以美启真？李泽厚认为，到底是什么？还不清楚。可能的一种解释是，"它可能与美学有关：对客体合规律性与主体合目的性相统一的主体感受可能是开启对客观世界的科学发现强有力的途径，例如对类比、同构、相似等强烈敏感、直观选择和自由感受便是与科学的真有关的。"这里本说的是科学上的发现，却给我们的教育尤其是教学工作带来极大的启发。这种启发至少体现在两个方面：

其一，教学中要注意发现教材中"美"的元素，沿着这种"美"的元素，可以更容易地进入学科知识内部，更深入地把握学科本质知识。其二，教学中要注意营造一种宽松愉快的氛围，这种氛围有助于学生领悟和掌握学科知识。前者，即前文阐述过的"知识之美"，后者，即前文阐述过的"教学艺术之美"；前者，有待于教师和学生一起发现，尤其是教师，要具有一双发现的"慧眼"，后者，则有待于教师和学生一起去创造。

还是以文言文教学为例。文言中有一种对称、均衡、辩证之美。汉语单音词的孳生就利用双声叠韵的原理，而且这种孳生往往是向反面转化，音义都处于矛盾运动之中。如"天崩地裂"、"腹背受敌"。辩证思想也重视对立双方的互相转化。如古汉语中的"反训"现象。"乱"可作"乱"、"治"讲，"离"可作"离开"、"遭逢"讲，辩证思维还外化为"句法对应"现象。句法对应在句子结构上是节奏匀称而辞意对应，不仅使文句意义互相映射，互为补充，甚至"互文见义"。学术界的这些观点对于我们正确地掌握句读，理解词义句意，应该很有启发。譬如：

其辱人贱行，视五人之死，轻重固何如哉？（《五人墓碑记》）

---

① 李泽厚：《华夏美学·美学四讲》第301—302页，北京三联书店，2008年版。

"辱人"和"贱行"对应,"贱行":偏正结构,卑贱的行为。可推知,"辱人":偏正结构,可耻的人格。

得双石于潭上,扣而聆之,南声函胡,北音清越,桴止响腾,余韵徐歇。(《石钟山记》)

"桴止"和"响腾"对应,"桴"是鼓槌,名词;"响"也是名词,响声。鼓槌停止了,响声还在传播。

这样的学习举一反三,收获的必然是文言语感的极大丰富和提高,从本质规律上学习语文,即运用了教材自身的"美原素",帮助学生感悟了文言文之美。当然,不仅是为了感受文言之美,更为重要的是,这样的学习是一种对文言规律的本质把握,因而其收获必然是立体而丰富的。

"以美启真"的美学思想启示我们:美,对于教育不是外在的附加上去的东西,也不是零零星星、若有若无的东西,美,是教育作为一种实践的本质规定。随意的、盲目的教学活动,和自觉遵循"美的规律"的教学活动,所创造出来的课堂有霄壤之别。美,不是教育教学的点缀,美和真如水乳交融。我们为什么要建立教育美学?建立教育美学不是为了证明教育和美本质相同,当然,它们应当本质相同。根本目的还是为了教育教学本身更加符合规律,而更加符合教育教学规律,也就自然符合了美的规律。

教育学就是这样变成教育美学的。

经典话语

以美启真

正因为重视使用物质工具的活动,确立它在整个实践中的基础地位,这就极大维护了感性在认识中的重要意义。这就使认识论不仅要重视和研究人类的理性内化(普遍性),而且也要重视和研究个体的自由直观(独特性)。前者构成一般形式的智力结构,后者便是创造心理。

"自由直观"(即创造直观)由于包含理性的积淀,所以包含美的问题。它既不是理性思辨,不是形式推理;它也不是感性经验,不是单纯直感。它似乎类似康德的"理知直观",即理性又直观,但并非只有上帝才具备。它似乎不可分析,却又仍然来自生活、实践。它常常具有某种诗意的朦胧,不可言说的多义,却拥有突破现有思维格局和既定经验的巨大力量。爱因斯坦把它叫作"自由的创造",它不是逻辑的归纳或演绎,它不是纯理性的东西,而总与个体的感性、情感、经验、历史以至气质、天赋有关。这正是机器人所永远不可能具备的。

它到底是什么?还不清楚。哲学只是提出问题,希望未来的科学来作出回答。这里所可能说的只是,它可能与美学相关:对客体合规律性与主体合目的性相统一的主体感受可能是开启对客观世界的科学发现强有力的途径,例如对类比、同构、相似等强烈敏感、直观选择和自由感受便是与科学的真有关的。自由并非任意,美学和艺术中享有的自由正是科学中可以依靠和借用的钥匙和拐杖。无怪乎海森堡说,"美是真理的光辉"。彭加勒说,"发明就是选择。选择不可避免地由科学上的美感所支配。"而爱因斯坦和好些理论物理学家都是那么爱好音乐。[托马士·库恩:"许多数学家和理论物理学家都酷爱音乐,其中有些人曾经难于决定搞科学还是搞音乐。"(《科学革命的结构》)完全失去感性经验作为工作刺激力的数学家和理论物理学家在音乐中得到了最大的补偿。]

这便是主体性在认识论上的两大方面:理性的内化的普遍智力结构和自由直观的个体创造能力。

(选自李泽厚:《关于主体性的补充说明》,《实用理性与乐感文化》,生活·读书·新知三联书店,2005 年版)

教育学:未来社会的中心学科

人的命运包括人类的命运和个人命运。如开头所说,个人首先是与"大家"

一起活着。我之所以强调实践而非感觉才是哲学的出发点，不仅因为就认识论说，实践形成人的理性构架，决定着作为认识的感觉或感觉材料（Sense data）；而且，更重要的是，对于人类整体如何生存延续的关注，一直是许多思想、宗教或哲学的焦点。

理性的发达使人们以为可以凭依它来设计社会乌托邦，但当列宁等把它付诸革命实现时，美丽的图景顿时成为真正乌何有之乡，支付大同社会梦的是亿万人的血汗、泪水与仇恨。从而经验主义自由派的稳健、渐进、改良、否定过分依赖性以及否定社会整体工程设计，反而显得实在和健康。

即使承认可由理性计算的"社会必要劳动时间"决定商品价值，也由于自由时间的增大而逐渐失去其支配社会存在的力量，从而理性愈益失去其"必然"性质，人类将面临真正的新的纪元。21世纪末也许真将成为"历史的终结"？！

但"历史的终结"不过是英雄时代的终结，激烈斗争的意识形态的终结，平淡无奇的年代将无限延伸。

生活不就更无聊吗？没有争斗、冲突、革命，人生不更乏味？人如何活下去？

不过，历史虽"终结"，社会仍存在。由百无聊赖而吸毒、而酗斗、而杀人和自杀，今日已然，明天更烈。于是，如何建构人性乌托邦，如何使每个个体的身心、潜能全面而健康地开发、成长和实现，就要提上日程。它是乌托邦，因为它是一种无限追求，没有结尾。但它首先大概将要求已充分发展了个人主义、科学主义、商业化限定在一定度量内而不任其再恶性泛滥。"不仅是外部的生产结构，而且人类内在的心理结构问题，可能日渐成为未来时代的焦点。语言学是20世纪哲学的中心。教育学——研究人的全面生长和发展、形成和塑造的科学，可能成为未来社会的最主要的中心学科。这就是本文的结论。也许恰好这是马克思当年期望的自然主义＝人本主义、自然科学和人文科学成为同一科学的伟大理想"（拙作《康德哲学与建立主体性论纲》）。这也就是我所谓的"新的内圣（人性建设）外王（天下太平）之道"。

（选自李泽厚:《哲学探寻录》,《实用理性与乐感文化》, 生活·读书·新知三联书店，2005年版）

秩序感很重要

经验成功和习惯并不一定能产生秩序感，秩序和秩序感也不是经验成功的充分或必要条件。秩序感是某种具有概括性质的个体主观感受，与个性的偶然关系很大而不是具有普遍性的客观方法或逻辑推论。所以"美"只能"启真"，而不就是"真"，"真"还必须经过严格的逻辑推论和数学演证才能得到。

形式感受很重要。新的秩序感可以发现（实际是发明）新规律。比起实验室的经验数据来，科学家们常常更看重这种可以作为原创推动力的新感受，即由直觉所"发现"的新秩序。这是一个极有意思却难以解答的问题。

我曾将情感粗分之为由内而外、由情而感曰"情感"（相当于emotion，如艺术创作）和由外而内、由感而情曰"感情"（feeling，如艺术欣赏）。前者多由内在生理需求引发，后者多由感官接受外物引发，二者又互相渗透交织而错综多端。它与理知认识的关系也如此。凡此种种现仍处在一团混沌中，不知多少年后才有科学的某种答案。所以，情感、感情二词我也仍是同义使用。至于它们与秩序感的关系，便更是复杂了。

所谓秩序感也就是我以前讲过的形式感（the sense of form）。Dewey说"自然节奏与自然规律是同义词"，举出了四季循环、昼夜更替、潮涨潮落、月缺月圆、呼吸循环、心脏跳动等等一大堆自然、生命、人事、环境之间的各种"节奏"，以及重轻、大小、动静、推拉、胀缩、升降……等等规律。这都是形式感或秩序感。Dewey讲小孩由动物式的play转到人的game，就是因为后者有一定的秩序、规则，在其中寻求各种变化觉得更好玩更有趣，它也更激发和培育小孩的心智能力。这与我所讲的"理性内构"的第三形式约略相当。它的特点是与"理性融化"（审美）联系在一起。它使游戏的动物本能和游戏中的动物性的情感加进了理性的控制和规范，而形成人所特有的情理结构。人的各类游戏都有其规则，也就是秩序。诗文书画亦然。今天人们仍多愿作曾被讥为"带着镣铐跳舞"七律而不作自由体白话诗，觉得前者更有兴味，大概也是如此。所以，秩序感虽是"感"，却已经有理知和概念渗入融化于其中。该"理"在这里是渗透和融化，不同于前面所说逻辑—数学形式和观念—范畴形式的"理性内构"的理知认识。

音乐奇妙之处，是既可以表示最原始的意绪情欲，也可以表达最深沉的哲理情感。其间差距极大。绘画从小儿式的执笔涂鸦到伟大画家的成熟作品，其中秩序感的差异也不可以道里计。共同处正是后者将深刻的理知融化在情感之中而成为新的感知秩序。音乐以其音响（乐音、自然声、颤音、震音、和声……）、节奏、旋律、复调等等，人为地创造着一个多么丰富复杂而又不断复杂变化的秩序世界，强烈地影响和塑造着人的心灵。

［问：从认识论说，秩序感之所以与"以美启真"有关，是由于人们以美去"发现"（实际是发明）宇宙 cosmos 的秩序有关？这也是你要概括在"自然的人化"和"人的自然化"哲学中的命题？］

也是"人性"的具体内容。人性是既积淀又开放的过程。秩序感不只是人的自然生命与自然环境的协调同在，而且更是"理性内构"与"理性融化"的交汇。我以前谈过一些伟大的理论物理学家酷爱音乐，其中大概有某种道理，这道理可能就与创造秩序感有关。

（选自李泽厚：《哲学纲要·认识论纲要·答问》，北京大学出版社，2011年版）

第十讲　赵宋光教育美学思想

被湮没的大师

赵宋光，在当代中国音乐界是一个如雷贯耳的名字！

这位曾在五年间读了北京大学、中央音乐学院、柏林音乐高等学校等三所顶级大学的高材生，曾担任星海音乐学院院长、广东省音乐家协会主席、中国音乐美学学会会长、全国旋律学研究会会长、中国大百科全书音乐编辑委员会副主任等众多学术头衔的音乐学者，其出版于 1964 年的音乐专著《论五度相生调式体系》对中国传统戏曲与民歌的调式进行了全面梳理，主要观点至今无人超越；完成于 1962 年的音乐理论名篇《试论音乐艺术的形象性》，没有发表便以油印稿被作为批判的反面材料，在中国音乐研究所档案室沉寂了 16 年之后，被学界誉为 20 世纪中叶出现的"一篇真正达到了美学高度的专论"，是中国音乐美学史上的一个里程碑！

2011 年 11 月，赵宋光八十华诞庆典在广州举行。庆典由星海音乐学院与中国音乐学院共同主办，来自星海音乐学院、华南理工大学、华南师范大学、中国音乐学院、中国艺术研究院、上海音乐学院、内蒙古大学艺术学院、西安音乐学院、山西运城学院、南京艺术学院等全国多所高等音乐艺术院校的专家、学者以及媒体、乐器制造等单位的业内人士共计一百余人参加了祝寿活动。此次活动分三个单元：第一单元为祝寿仪式；第二单元为赵宋光教授学术思想研讨；第三单元是赵宋光教授八十华诞音乐沙龙。在学术思想研讨会上，音乐学界的专家学者对于赵宋光的音乐成就给予高度评价：

赵先生跨越自然科学和社会科学两大领域的奇特才华令学界十分的仰慕、钦佩、渴望、震撼而不可及。先生上达天文、下及水利，至于数学、化学等更是令艺术家们望之却步的学科，是他自由驰骋、求真寻美的欢乐园地。

赵先生的学术高度、学术视野表明他是一位纯粹的国际型学者。

赵先生的逻辑的力量、思想的力量是非常强大的。他把西方理性的逻辑、东方道教的神秘、北方草原的豪情以及南方的灵动精致全部合在了一起。

他在东西方音乐之间建起了一座桥梁，在历经了半个多世纪的磨炼之后，已经超越了东西方音乐界限，带有世界性的眼光。赵先生的价值体现可能要等到未来半个多世纪才能够显现出来。①

也是在这次庆典上，赵宋光传记《耀世孤火：赵宋光中华音乐思想立美之旅》举行首发式。因此，赵宋光当之无愧地成为当代中国音乐史上一位绕不过去的大师级人物。

然而，人们不知道的是，音乐艺术，仅仅是赵宋光纵横驰骋的广阔学术疆域之一隅。音乐之外，赵宋光涉足过的研究领域还有：宗教、哲学、社会学、经济学、数学、天文学、水利学、工程学等等，尤其不为人知的是，在幼儿和小学数学领域，赵先生孜孜矻矻进行了 20 年的综合构建数学教学实验，其课题研究成果曾得到高度评价。1993 年 5 月，赵宋光主持的国家教委重点科研课题"综合构建教育新体系的研究与实验"通过专家鉴定。专家们认为："该项研究的理论构思和设计思想是建立在当今国内外哲学、教育学、心理学、美学等学科前沿的研究成果基础上，结合我国基础教育的实际，提

---

① 张天彤：《莫道桑榆晚，为霞尚满天——庆祝赵宋光教授八十年诞暨学术研讨会纪实》，《人民音乐》，2012 年第 5 期。

出了受教育者主体自我构建的教育思想，……这一思想具有创造性和合理性，有些观点孕育着教育理论重大突破的可能性，尤其是对改变长期以来不重视研究对象的现象，具有重大的推动作用。"该体系教学法解决了高难内容的幼儿化、游戏化、操作化问题，从根本上改革幼儿教育，为建立 21 世纪的教育模式提供了蓝本。"与此相联系的是，赵宋光在教育美学学术研究领域，有自己的一系列理论构建和独特话语，他的教学实验名之曰"操作领先，言语镶嵌"，就是以其扎实的理论研究成果作为学术支撑的，可谓真正独树一帜，别开生面，赵宋光是开创了教育美学崭新境界的一代学术宗师！所谓宗师，是指能够推陈出新，自立门户，甚或是容纳百家，自己创建出一个全新理论系统，即有能力开宗立派的大师级人物。赵宋光，就是这样的教育美学一代宗师。

然而，作为教育学家的赵宋光远没有其音乐家的身份来得显赫和辉煌！他的教学实验，至今仍停留在幼儿园阶段，一直没能回到小学；他的教育美学理论构建也远没有引起学界重视。我多年一直留意教育美学，于国内教育美学诸家大致心中有数，但是在很长时期内，对赵宋光的名字，也仅止于他的那一篇重要论文《美育的功能》。直到进入新世纪初，我读到了李泽厚写于 2003 年的《哲学自传》，才引起我对这位神秘人物的注意。李泽厚在《哲学自传》中写道：

　　在这里，我要提及赵宋光教授。赵是我大学时期的同学和好朋友。我们在 60 年代共同对人类起源进行过研究，我们对使用—制造工具的实践操作活动在产生人类和人类认识形式上起了主要作用，语言很重要但居于与动作交互作用的辅助地位等看法完全一致。我们二人共同商定了"人类学本体论"的哲学概念。70 年代以来，他日益走向幼儿数学教育中操作重要性的实证研究和非常具体的教学设计，而对康德、历史和中国哲学兴趣不大。我对他后来的发展十分重视并评价极高，因为我们都认为教育（不只是培养专业人才，而是注重人性建设）将是未来社会和哲学的中心，我的康德书和其他哲学论文不断强调了这一点。①

寥寥二百来字，其实包含十分重要而丰富的信息。在大哲学家介绍其思想发展渊源的学术文字中，是理应惜墨如金，容不得半点枝蔓的，然而李先生在这里是郑重其事，不仅点明两人非同寻常的关系，而且申明：两人曾共同研究过人类起源，诸多观点完全一致，并且共同商定了"人类学本体论"哲学概念。同时对赵后来的教育实践研究作出高度评价。大凡熟悉李泽厚哲学思想的人都知道，他的哲学思想总纲，就是"人类学历史本体论"，而其哲学、美学思想最重要的基石，就是人类使用—制造工具的实践活动。记得当初读到这段文字时，"赵宋光"三个字便如烙印一般牢牢地刻在了心上。之后，也是从李泽厚先生那里，我找到了赵宋光的联系方式，得以多次在电话里问学请教；并且，曾经专程赴穗，两次登门拜访。加之在拜读了两卷本《赵宋光文集》及其传记《耀世孤火》之后，我对赵宋光的学术人品和思想体系有了深入的了解，也为有这个难得机缘结识赵宋光深感庆幸。

谢嘉幸先生在《耀世孤火》序中这样说："在如今已经少有"大师"的社会里，我们是否可以大声疾呼：至少我们还有赵宋光！"

"夫子言之，于我心有戚戚焉！"赵宋光，一位被岁月湮没的大师！有已经出版的《赵宋光文集》第1、2卷为证！更有赵宋光珍藏在星海音乐学院档案室中的大量手稿为证！83岁的赵宋光仍在他的学术世界里叩问和探索着，他那宏大思想叙事和理性思辨逻辑，自己说要到他99岁的时候才发表："时间我已经定了，要等到2030年发表。"

这是何等的人生自信，何等的学术自信？

被岁月湮没的大师，终究会由岁月拂去烟尘！

我深信。

---

① 李泽厚：《人类学历史本体论》，第366页，天津社会科学院出版社，2010年版。

立美育人

赵宋光教育美学思想的一个核心概念，就是立美育人。这是赵宋光最为重要的教育美学思想，这一思想集中体现在他的经典性论文《论美育的功能》。

什么是"立美育人"？在《论美育的功能》中，赵宋光开宗明义：

> 美育远不仅是艺术教育，它有最重要的基础部分，关系到引导受教育者主动建立美的形式。建立美的形式的教育活动，是人类"按照美的规律来塑造形体"的宏伟历史在教育领域中的缩影，我称之为立美教育。

赵宋光的立美教育思想对于之前的所有美育思想都是一个重大突破。在赵宋光之前，所谓美育，就是艺术教育，就是让受教育者在艺术活动中受到感染、熏陶，接受美的影响，这固然也是很重要的美育形式与方式，但是，赵宋光的思考远不止于此。他要在教育活动中建立美的形式，让受教育者在美的形式的建立过程中，实现按照美的规律来塑造自己的宏伟使命。在赵宋光看来，按照马克思的理论，人类必须按照美的规律才能成功地进行生产，要成功地进行教育也必须遵循美的规律，而要遵循美的规律，就离不开美的形式。他说：

> 无论智育、德育、体育中的哪个方面，教育过程中所建立的形式，都会碰到一个美不美的问题。这问题就是，这形式能不能把认识规律（真）与造福社会（善）统一起来，和谐地结为一体。没有立美的活动，智育、德育、体育都不能收到应有的成效。由于这个缘故，立美教育是各育的良好形式中必不可少的组成因素。在各育交融以培育完美人格的活动中（例如，综合技术教育或生产劳动中，委托性社会工作中，课外小组活动或集体游艺活动

中)，立美教育就处于协调各方的地位。①

　　赵宋光立美教育思想的方法，可分两个方面说。一是在主体操作方面建立理性形式，即在能动方面立美。教学中要为学生的行为建立合规律的形式，在赵宋光所着力研究的数学教学中，就是从"操作完形"入手。教育过程所建立的核心就在于这理性操作形式。而这种主体活动的合规律形式，总有这样的力量——化客观规律性为主观能动性；同时，这个过程也促进了受教育者理性行为的发育。这种方法，赵宋光谓之"理性操作"，也可以称之为"以美引真"——"以美引真的方法表现在教学程序上是'形式超前'，这一设计思想的主旨在于侧重发展主体的理性操作能力。每当学生能够以直观的想象或简单的形式解某一类型的题之后，总是要求他通过某种精心设计好的形式化途径或较高深形式来重新解这样的题，以此为他开拓出形式化理性操作的领域，这不仅可以加重学生的智力负荷以锻炼其智力，更重要的是让他及早熟悉较高深的形式化运算，以后只要通过他所熟悉地掌握了的高深形式，就能顺利地迁移于陌生的情境，消化高深的内容。"

　　立美教育思想的另一个方面，是讲外化方面的立美，即操作对象化形式的建立。其方法，可以采取图像的形式，也可以采取符号格局的形式，前者具体，后者抽象。赵宋光谓之曰"理性直观"。关于"理性直观"的功能，赵宋光说："（图像形式的直观）是一种观照，这时观看者能够在图的感性形式中看到理性的结构，这对培育一个有良好观察力、理解力、想象力和独立思考能力的人格，是不可缺少的。""（符合格局形式的直观）不同于前一类之处在于，视觉所面对的并非图像而是数字、字母、文字等各种符号，但大脑能从各符号之间的关系（方位、结合、秩序等）中想到该做什么样的运算动作……由于洞察力、准确度和机敏性，这类理性直观在教学中显示的力量（也是美的力量）十分惊人……"

---

① 赵宋光：《赵宋光文集》第1卷，花城出版社，2001年版。

赵宋光这种建立美的形式开展立美教育的思想核心，是认为儿童接受教育的过程和人类精神发展的过程应该有相类似之处。这才符合人的成长和发展规律。我们常说教育要遵循规律。什么是教育规律？教育规律也就是人的成长和发展规律。违背人的成长和发展规律，就无教育规律可言。那么，赵宋光的这一罕见思想又是从哪儿来的呢？

　　北大、燕大（中央音乐学院前身）深厚的人文底蕴，日耳曼民族理性的思维方式，极好的智慧与情商，几十年曲折的人生逆境，都是成就赵宋光这一思想的成因。原来，在1950年代后期，赵宋光曾有过一段深入阅读的过程。《儿童心理发展概论》等一批由苏联翻译过来的关于认识论的心理学著作，奠定了赵宋光对教育学心理学的一些认识基础，1960年代初，认真攻读了列宁的《哲学笔记》和黑格尔的《小逻辑》，使他的思想有了质的飞跃。用赵宋光自己的话说："这样的书使我对人类的成长发展过程有了认识。……接触列宁的《哲学笔记》、黑格尔的《小逻辑》这两本书，我在思想上有了一个提升。我明白了：人的认识能力是随着他的实践来提高的。这个实践能力提高的核心，就是生产力的发展、使用工具的发展。"而此时，正是赵宋光的人生黑暗时期！因为留学海外的经历，他虽然没有被打成右派，却被迫退党，并且被中央音乐学院人事处列到编制之外，随即被调到中国音乐研究所去做研究工作。正是在这样的人生逆境中，赵宋光开始了他的思想探索历程。打击他的人自我标榜为"马列主义者"，他就要到马克思原著中去寻找什么是真正的马克思主义。紧接着，赵宋光又阅读了马克思的《资本论》以及《1844年经济学哲学手稿》，他说："看了这些以后，我的思想就有了一个突然的变化。"[①]

　　赵宋光这段时间的思想发展，是和另一位赫赫有名的人物，当时已在美学界崭露头角、卓然成家，日后成为当代著名哲学家、思想家的李泽厚联系在一起的。李泽厚和赵宋光是北大哲学系同学，虽然时间不长，只有一年多

---

① 刘红庆：《耀世孤火：赵宋光中华音乐思想立美之旅》，第72—73页，齐鲁书社，2011年版。

时间，但是两人却结下长达大半个世纪的友谊，转到燕京大学的赵宋光常回来看望李泽厚，赵宋光从天津回北京之后，两个年轻人几乎每个星期天都会聚在一起，沉浸在哲学的冥想和争辩之中。正是因为有了酷爱哲学的朋友李泽厚的推动，已经淡出哲学领域投身音乐艺术研究的赵宋光才继续思考一些哲学问题。共同的哲学兴趣，共同的阅读经验，让两人对人类起源问题进行了深入广泛的探讨。这段经历对两人以后的事业发展和人生走向产生了重大影响。

这段时期关于人类起源的探索，两人都有自己的成果：《赵宋光文集》收入一篇论文：《论从猿到人的过渡期》，发表于1976年《古脊椎动物与古人类》杂志第12卷第2期，署名："方耀"，乃赵宋光和李泽厚多次讨论后，由赵宋光执笔写成。文章结尾这样写道：

> 制造工具活动的成功标志着主体能运用新的规律来实现目的；引导这活动的目的意识所反映的仅是主体先前所掌握的客观规律，实现目的这一活动的成功则反映着主体现在又掌握了新的客观规律，这进展终于划出了这族类告别生物界走向遥远的自由王国这一宏伟历史行程的开端。

《李泽厚哲学美学文选》收入一篇《试论人类起源（提纲）》，注曰：此文为1964年写成的研究提纲，1974年略改。文章指出：

> **应该重视双手的形成**。双手的逐渐形成标志着多种多样使用工具活动的历史成果。这种大量的、广泛地继而成为普遍必然地使用天然工具（树枝、石块等等）以维持生存的活动，应是人类开始区别于猿类的原始劳动。[①]

---

① 李泽厚：《李泽厚哲学美学文选》，第179页，湖南人民出版社，1985年版。

工具的重大意义。动物的生活活动与其对象是受同一个自然规律所支配，主客体之分毫无意义；楔入工具之后，情况便大不相同：产生了主动利用自然本身规律并具有无限扩展可能的改造自然的强大力量，它面对自然和区别于自然（客体）而构成主体。这就是主体性或人类学的主体存在。[①]

人类起源来自劳动，尤其是制造和使用工具的劳动。在这个过程中，发展了思维，发展了语言，人类成了具有主体特征从而和古猿相揖别的新的族类。这是李泽厚和赵宋光在讨论中得出的共同结论。

历史常常有惊人的相似之处！如同马克思、恩格斯的珠联璧合创立了揭示经济和社会发展规律的马克思主义学说，如同第谷和开普勒的亲密合作发现了开普勒三定律，如同高斯和韦伯的相互影响成就了数学王子和物理大师，1960年代初李泽厚和赵宋光的两人哲学沙龙——人类起源问题的探讨，也为两人今后的学术起飞铺就了一条坚实的跑道！不同的是，李泽厚继续沿着他的美学思路，走向历史和人性深处，构筑起一座金碧辉煌的哲学思想大厦：人类学历史本体论，走进哲学史，走进世界学术前沿舞台；赵宋光则一头扎进心爱的音乐世界，走进教育学心理学理论，走进幼儿园小学课堂，开始了基于教育立美理论的教育改革实验。多年以后，赵宋光这个名字，在音乐教育界可谓家喻户晓，而其幼儿和小学教育实验成果，却仍然尘封在档案室里，只有身边的几位嫡传弟子在默默践行。纵览李泽厚和赵宋光的学术思想，可知关于人类起源问题探索的关键性意义。1994年，李泽厚写定他的《哲学探寻录》，曾在结尾写道："加上《人类起源提纲》和四个主体性论纲，这算是'提纲之六'。六个提纲以及'答问录'等等，……像一个同心圆在继续扩展而已。"如此看来，这么多的同心圆，其圆心应该是写于1964年的《人类起源提纲》，那是李泽厚思想的第

[①] 李泽厚：《李泽厚哲学美学文选》，第180页，湖南人民出版社，1985年版。

一块也是最重要的一块基石。那么，对于赵宋光的教育立美思想，是不是也是这样呢？

综合构建幼儿数学实验

1966 年，"文化大革命"来了。赵宋光被作为反动学术权威抓起来，在劳改队里扫厕所。大概也没抓到什么把柄，1967 年初，刚扫了没几天厕所的赵宋光就被放了出来。此时，别人忙着造反夺权，赵宋光成了逍遥派。前些年关于教育学、心理学和哲学著作的大量阅读积累，让赵宋光把目光投向小学教育研究。他依据自己对人类思维发展的理解，不是从概念开始，而是从操作入手研究小学数学教学方法。

譬如"正数"与"负数"。赵宋光用小学生生活中也常见的寒暑表、温度计来讲述"正负"概念，甚至设计爬楼梯游戏，在长长的楼梯上，选定一个台阶为"0"，每上一个楼梯为"正 1"，每下一个楼梯为"负 1"，由此，在游戏中让小学生明白什么是"正数"，什么是"负数"。就这样，在 1968 年到 1978 年间，赵宋光时断时续，但一直没有放弃自己的研究，陆陆续续完成了三十几篇"教学法"研究手稿。

1978 年，机会来了，北京育民小学邀请赵宋光去搞教学方法实验。1978 年—1983 年，一轮教学实验结束，赵宋光以"操作"启发智慧为核心的"数学教改实验班"，百分之八九十都进了北京师范大学实验中学。几年后，这些学生从实验中学毕业，不少考上了清华大学。[1]

1983 年下半年，赵宋光把教学实验战场转移到幼儿园。他认为，在小

---

[1] 刘红庆：《耀世孤火：赵宋光中华音乐思想立美之旅》，第 88—90 页，齐鲁书社 2011 年版。

学阶段可以学习初中的东西，那么在幼儿园也可以学习小学的东西。1984年，中共中央组织部把在音乐教育早已声誉鹊起的赵宋光调到广州工作，担任广州音乐学院（后更名为星海音乐学院）院长。于是，他的实验战场又从北京移到了广州，形成了自己的实验团队。赵宋光响亮地提出了一个口号：潜水二十年！二十年来，他的核心团队一直在默默耕耘着。

那么，这个令赵宋光三十多年孜孜不倦的教学实验，到底是怎样的呢？赵宋光的教学实验，全名叫"综合构建教育新体系的研究与实验"，1993年课题第一阶段成果通过国家教委专家组鉴定。小学和幼儿园数学教学，是其中主要内容。目前主要在幼儿园推广。

这个实验的教学原则，叫"操作领先，言语镶嵌。"

> 操作，就是以动手来带动全身肢体驾驭学具的活动；言语，就是以动口表达来运用语言带动思维的活动。综合构建教学法认为，操作应当处在领先地位，言语应当紧跟着操作，同操作密切镶嵌，互相结合。[1]

举例来说。"一加一等于二，二减一等于一。"老师设计一个"双盾牌"游戏，同时教幼儿伸出双手食指来演示，教幼儿参与游戏，在演示和游戏过程中说出这句话，那么，由于有了操作领先，又让言语活动镶嵌其间，孩子们不但懂得了这话的意义，而且玩得兴味盎然。幼儿的智能结构就在这样的主动活动中得到了构建。

再譬如：在数学教学中，可从"操作完形"谈起。对于任何一组数量关系，都可以用算术与代数交融的方法建立一个操作完形。以最简单的、加减性质的数量关系为例。[2]

---

[1] 赵宋光：《〈综合构建幼儿数学〉的教学原则》，《赵宋光文集》第1卷，第234页，花城出版社2001年版。

[2] 赵宋光：《论美育的功能》，《赵宋光文集》第1卷，第184页，花城出版社，2001年版。

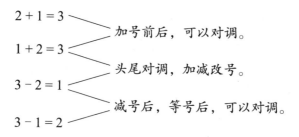

右边这三句"变换式子的口诀"是让学生对左边四个算式进行操作所遵守的形式，这形式便是通过教学建立起来的美的核心部分。这种方法，在操作活动中，可以引导幼儿通过尝试发现：左边的这四个算式是可以来回变换的。变换加减算式的操作，是"理性操作"领域内发展到较抽象程度的活动。通过这活动，幼儿不难发现这变换方式中的规律，教师就引导幼儿用歌谣把这规律说出来：头尾对调，加减改号。这时，高水平的操作又向更高水平的言语传递了。

在赵宋光的小学、幼儿数学教学实验中，设计教具，让儿童动手操作，配以提炼出来的言语口诀，这是一个最为重要的核心要素，它的内在逻辑就是要让儿童在实践和言语活动中发展思维，掌握规律，促进认识器官的理性发展。所以，实验过程中的操作，叫作"理性操作"。赵宋光认为：每个幼儿要靠自己的主动活动来构建自己的理性认识器官。构建的动力，必须来自个体。在教学游戏活动中，必须让孩子做玩具学具的主人，千方百计从孩子的身心内部把活力调动出来，唤起孩子的好奇心、兴趣、好动的天性、表现欲、表达欲、好胜心、自信心……让幼儿不断地体验到做玩具学具主人的自由感和成功感。这个学习过程，正是重复了人类发展进化的过程，符合人的成长发展规律，符合美的规律。这个思想对于培养、激发孩子学习积极性，促进孩子心智发展、人格健全，无疑具有极其重大的意义。

其次，就是教学者要用各种精心设计出来的范式，以直观可感的形式影响和感染孩子，赵宋光谓之"理性直观"。这种理性直观，用赵宋光的话来说，必须是"范式取自人类"。所谓"范式取自人类"，就是在智能游戏活动中所用的材料，例如说出来的语词，看得见的数字、符号、文字，当然都是人类时代积累的文化成果，都是美的形式。在这种"理性直观"的观照中，不仅极大提升学习效果，而且受到美的光辉的烛照。

无论是"理性操作"，还是"理性直观"，教育立美就在这样的学习过程中诞生了。赵宋光认为，"人们往往忽略了人类特有的理性认识器官。这器官的核心部位是：司手与肢体运动的中枢神经，司说话与语义想象的言语运动中枢神经，这两大中枢神经相联接而形成的总联合区神经网络；来自各种感性认识器官的信息（视、听、嗅……）输进这联合结构，形成理性认识器官的外围。任何个人生下来时，大脑有大量备用的神经细胞，但这些细胞还没有结成这样的网络，因此也不具备理性认识器官。每个人类个体，只有通过学习使用工具（玩具、学具），学习使用语言，通过这样的主动活动，才可能构建自己的理性认识器官。这就是说，理性认识器官经历从无到有的生成过程，并不是在胎儿期，而是在出生之后，是在后天的操作言语技能学习活动中；假如不能在早期教育中经历这'从无到有'的萌生，那也就谈不到往后'从小到大'的发育。"因此，操作（实践）、言语成了受教育者思维发展的关键词。"操作领先，言语镶嵌"也就成了赵宋光"综合构建幼儿数学"实验的八字方针。这就是赵宋光基于立美教育思想"综合构建幼儿数学"试验的逻辑起点和思想基石。

1985年，赵宋光曾豪迈提出"潜水二十年"的口号。今天，时光已经悄然流过三十年，赵宋光的"综合构建教学体系"研究仍旧停留在幼儿数学阶段，连他实验起步的小学数学阶段也还无法走进。但没关系，科学的旅途向来漫长而坎坷！有人说，现代心理学还基本停留在动物心理学的水平，离人的心理还有很大距离，还处在婴儿阶段。那么，我们的教育学又会有多大的进步呢？人们对赵宋光的教学实验有着这样那样的误解或者疑问，也就不足为怪。

赵宋光的研究于1993年通过专家组鉴定。专家们认为："该项研究的理论构思和设计思想是建立在当今国内外哲学、教育学、心理学、美学等学科前沿的研究成果基础上，结合我国基础教育的实际，提出了受教育者主体自我构建的教育思想……这一思想具有创造性和合理性，有些观点孕育着教育理论重大突破的可能性……"[①]在我看来，这个重大突破就在于赵宋光的教育美学思想。

或许，经历岁月流水的淘洗和打磨，经历实践和思维的反复砥砺，历史会赠与赵宋光教学实验这枚思想和智慧的宝石更为璀璨夺目的光辉；或许，这一名之为"综合构建教学体系"的教改实验，最终并未获得预期成果，但其中包孕的教育哲学思想，也必定会为未来的探求者指示一个鲜明的思想路标。而无论如何，赵宋光的名字及其深刻阐释并躬身践行的教育立美思想，必将光彩夺目地镌刻在教育美学的史册上！

经典话语

教育中的立美方法

育人始于立美。因为教育的使命在于培育能自由运用规律以造福社会的人，所以先要为受教育者的行动言语建立合规律的形式，在这基点上，任何知识的传授都要随时启发出对所认识规律的自由运用。这就是立美教育的基本方法。

有许多规范是教育工作者十分熟悉的。例如，健身操要姿势准确、节奏规整；听讲课要挺胸背手，想发言要举手；说话要说完整的语句，不许颠三倒四，杜绝口吃和废词儿（"那个那个"之类）；会问好、道别、致谢、道歉；禁止骂人打架撒谎造谣；教室楼道校园要保持整齐清洁；书法要讲究，作业要准确整洁，……以及学生守则中的各种要求。现在可以提高到美育理论上来认识，建立这些规范，就是为实践主体的目的性活动建立起运用规律的形式，就是使

---

① 赵宋光:《赵宋光文集》第 1 卷，第 16 页，花城出版社，2001 年版。

受教育者能动活动的形式具有合乎"真"的内容而成为"社会美"。

有许多教学方法被称为"学以致用"而经常为有经验的教师所采取。例如，在识字教学中，学了某个基本字形（例如"每"）以后，随即要求用这个字形来组成许多新字（例如"梅霉莓酶海悔诲晦敏繁侮"）。语文教学中的造句练习也属于这一类，复合句的句式练习对运用语言能力的发展更有重要促进作用。又如在常识教学中，讲过热胀冷缩以后要求回答，造火车头的大轮子时，怎么才能把铁箍套到轮盘上去。人们通常只是从教学法的角度来总结，认为这样才"记得牢"，而没有解释"记得牢"的原因在于，把客观的知识按其固有规律组织在主体的目的性活动之中。现在可以提高到美育理论上来认识。进行这些练习，就是为现实对象的规律性存在建立起合乎目的的形式，就是使所传授的知识系具有合乎"善"的内容而成为"美的对象"。

立美教育方法的自觉运用可以使这方法扩展和深化，大大加速学生智能（观察力、理解力、想象力等）和求知欲的成长，所收到的成效会是难以想象、难以置信的。

……

从数学教学的立美入手，不仅提供了大幅度刷新自然常识、物理、化学、生物教学的可能性，而且按照"充分取得自由"的立美教育原则，也必然要求及早把自然科学定律的运用作为应用习题放进数学课中来；与此配合，就要求及早开始并持续进行有组织有计划的观察、记录、统计、实验等活动，这些活动形式的建立，当然也是立美教育的内容。要让自由得到充分发挥，必然还要求从科学转到技术，因为正是技术才体现了对自然界规律的大规模自由运用。各种工艺制作（手工艺品、活动玩具、无线电、航模等）和技术设计，应该在小学生和中学生中有指导地常年进行。生产劳动教育本是综合技术教育的具体实践，如果脱离综合技术教育的现代化目标，片面追求经济效益而使工艺结构拘于一隅，甚至对各种异化的劳动样式熟视无睹，那就违背了培养能自由运用自然规律以高效造福社会的现代化生产者这一目标。工艺学的深邃本质在于自由创造，如何从工艺学的广阔领域中选取最有启发价值的典范结构，理出逻辑线索，编成系统教材，向学生展示人类自由创造的本质力量，引导学生通过处理设计课题的练习发展自己潜在的本质力量，是中小学课程建设的当务之急。

（选自赵宋光：《论美育的功能》，《美学》，第 3 期，上海文艺出版社，1981年版）

审美教育的途径

在审美能力的培育体系中，有三种感官起特别大的作用：言语器官、感觉器官和听觉器官，与这三种感官响应的有三种艺术：语言艺术、造型艺术和音乐。把语言艺术同其他艺术并列，人们都习以为常，但把言语器官同其他感官并列却不免出人意外，人们觉得言语器官仅仅是由运动器官和听觉器官综合而成的，然而，心理学、语言学、艺术学、教育学和艺术教育学的研究却都说明，把言语器官活动归结为只是运动听觉器官综合活动的看法是极为肤浅的。不错，在言语活动（**运用和理解语言的活动**）中，包括有外壳的方面，说出语音、写出字形要用运动器官，听辨语音、认辨字形要用听觉器官，从外壳着眼确能看到语言艺术与听觉、视觉艺术的重叠部分（**诗歌、书法**）；然而外壳毕竟不是语言本身，语言有它的心理实体，那就是词义的心理表象（**作为材料**）被语法范畴的心理模式（**作为构架**）所组织而联结成的表象系统（**抽象词义所组成的是概念系统，此处不谈**），无论是对语言的理解能力还是运用能力，都离不开这种表象系统的构筑能力，而所谓言语器官，也就是大脑皮层中担负着构筑这种表象系统的心理功能的相应区域。言语器官的发育，在审美能力的成长中总是起着带头作用，但这不能理解为，在培育审美能力的过程中三种器官要分先后，视觉、听觉器官各自都有一些基础的方面（**色彩感、协和感等**），其发育是不依赖于言语器官的发育水平的，在一定程度上，三种器官的审美能力各自独立发育，而在整体上，它们又互相补充、促进，互相启发、增强。

对审美器官的培育，应注意到三方面的素质：灵敏度、活跃性和统摄力。

灵敏度就是对细微差异的分辨能力，所谓敏感、精微，就是这种素质。活跃性就是联想、体验的积极状态，对语言艺术品的感受不停留在字面意义上，对造型、音乐艺术品的视觉、听觉感受不停留在直接感知水平上，而能主动升起联想表象的兴奋和情绪体验的共鸣。统摄力就是对艺术品整体的把握能力，对各局部的印象能从记忆中回想得起来，彼此呼应，联成一体。当然统摄力的较大发展有赖于神经系统发育的成熟，对儿童要求不能太高，在切合实际的范围内，要求讲的故事、画的画、唱的歌达到艺术上的完整性，仍是十分成功的。

（选自赵宋光：《论美育的功能》，《美学》，第 3 期，上海文艺出版社，1981年版）

理性认识器官从无到有

感性认识器官，是人们所熟知的：眼睛有视觉，耳朵有听觉，鼻子有嗅觉，舌头有味觉……这些器官，是生来就有的，后天进一步发育。这些器官也是人类和许多哺乳动物所共有的。

但是人们往往忽视了人类所特有的理性认识器官，这器官的核心部位是：司手与肢体运动的中枢神经，司说话活动与语义想象的言语运动中枢神经，这两大中枢神经互相联接而形成的总联合区神经网络；来自各种感性认识器官的信息（视、听、嗅……）输进这联合结构，形成理性认识器官的外围。任何个人生下来时，大脑有大量备用的神经细胞，但这些细胞还没有结成这样的网络，因此也不具备理性认识器官。每个人类个体，只有通过学习使用工具（玩具、学具），学习使用语言，通过这样的主动活动，才可能构建自己的理性认识器官。这就是说，理性认识器官经历从无到有的生成过程，并不是在胎儿期，而是在出生之后，是在后天的操作言语技能学习活动中；假如不能在早期教育中经历这"从无到有"的萌生，那也就谈不到往后"从小到大"的发育。

由此可以看出早期教育对于人类本质结构建立过程的重要意义。

由此也可看出"操作领先，言语镶嵌"原则对于完好人格构建的重要作用。

（选自赵宋光《〈综合构建幼儿数学〉的教学原则》，《赵宋光文集》第 1 卷，花城出版社，2001 年版）

美育总目标以及课程

合规律性与合目的性重叠合一，实践的现实性与理论的普遍性相通相成，感性具体与理性抽象交融互补……等等美育原则，应当渗透贯穿于教育的全领域，这是美育建设的总目标。同时，美育还有以密集状态独立存在的特殊根据地，这就是作为文化艺术修养的养成所而设置的美育课程：音乐要培养的是通过听觉器官的审美能力，造型艺术要培养的是通过视觉器官的审美能力，舞蹈培养的是通过全身运动觉的审美能力，这三科已受到较广泛的重视，但此外还不应忽视语言艺术和戏剧。在语言艺术（诗歌、文学、朗诵剧）里，语言不是作为实用性的交往手段和思维手段来运用，而是作为通过感性表象体系的想象活动以发展审美能力的艺术手段来传习。在戏剧里，多种感官综合激活，使审美能力得到全方位开发。这五类特殊化的美育课程，主要任务不在传授知识，而在组织有丰满理性内涵的生动感性活动以吸引人全身心投入进来达到感性与理性的充分交融合一。假如侧重于知识传授乃至理论探讨，它们就转变成文化学、艺术学、美学课程而退出了美育工程领域。因此，这些课程的主体部分不是某种教程，而是某种习程，或者说，这些课程是有理论作导向、以知识为辅助的实践性习程。

（选自赵宋光：《新时期美育展望》，《赵宋光文集》第 1 卷，花城出版社，2001 年版）

后 记 EPILOGUE

（一）

这是一本"写"了 30 年的书。

1980 年代中期，在一所乡村中学的简陋屋舍，一个风雪交加之夜，初上讲台的我和我的老师曾有过一次难以忘怀的围炉夜话。而正是那次夜话中老师讲的故事，开启了我的漫漫教育之美研究旅程。这个故事，我在拙著《教师职业幸福的秘密》里曾有专文讲述，这里只摘引其中一段——

"文革"中，江南某地一中学生在武斗中受重伤。生命垂危之际，这个初二学生向家人提出要求，想和曾经朝夕相处的全班同学见上最后一面。此时，班级正分成两派，森严壁垒，势不两立。谁能把这些对立双方的"革命小将"从硝烟弥漫的壕堑中拉到一起？于是，想到了他们的班主任老师。这位被双方的"革命小将"多次批斗、此时正赋闲在家的老师，听说学生的这个心愿之后，二话没说，开始行动，走东串西去游说动员，硬是凭着自己的影响和凝聚力，把全班近 50 位同学一个不落地聚集到这位中学生的病床前，满足了濒死少年的最后心愿，不久，少年含笑离世，而武斗双方从此化干戈为玉帛……

经历过那个你死我活荒诞年代的人们都知道，这位教师该付出多少艰难的努力，尤其是该有多大的凝聚力才能做到这些啊！如同打开了一个魔幻的盒子，自此，教师人格魅力问题让我产生了极大兴趣，教师职业魅力到底从何而来这个问题也一直萦绕心头。我开始喜欢上了对教师职业之美的研究，也算误打误撞地闯进了教育美学园地，却很快有了令人欣喜的收成——若干篇教育美学论文相继发表，当年在《教育研究》发表的第一篇论文，至今仍保持着一定的文献引用率。遗憾的是，这种势头没有保持下去，很快，我就在理论和实践两个层面感受到了双重困窘。理论上，时有捉襟见肘之感；实践上，深感理想和现实之间存有较大距离而难以为继。我知道，这就是所谓的遇到发展"瓶颈"了；同时，加之繁重的教学任务和行政工作，于是，我选择了放弃：从教育美学的理论思辨中走出，一头扎进教育教学实践深处，以全副身心沉潜其中。看起来，我是从这个阵地转移了！

几年以后，当我一襄烟雨满身疲惫，落脚江南的一所百年名校，摆脱繁杂事务，专心沉浸于钟爱的语文教学时，语文学科的特有气质让我时时产生重操旧业的冲动。我把注意力集中于语文教学研究，在语文学科之美方面累积了一些实践和研究心得。继而，由语文之美推及学科之美，学科的教学内容（知识）和教学艺术之美，进而推及教育之美。大约在 2008 年前后，我形成了一个关于教育之美的体系构想。这个构想包括：教育本质之美、教育内容之美、教育艺术（课堂）之美、教育活动（课外）之美、教育主体（教师）之美、教育对象也是教育主体（学生）之美，其丰富内涵覆盖了教育生活的主要方面。这样，我对教育美学的理解就完全改变了过去一些教育美学的逻辑理路。简言之，我是从教育生活启程思考教育之美，而不是从美学概念出发构建美学体系；教育美学是从教育生活土壤中长出来的果子，而不是在美学和教育学概念之间去做简单的嫁接和移植。此时，恍然发现，之前那一段时间的教育行政工作，并不是完全走出最初的梦想，相反，对于如何建构更加接地气的教育美学颇有裨益。有关这方面的思考，本书导论中已有详尽阐述。

为了完善和丰富这个构想，我做了两个方面的努力。一是向经典教育家学习。我在中外教育大家著作中旁搜远绍，广泛涉猎，围绕六个专题（如前所述教育美学之六根支柱），从浩瀚的教育思想宝库里遴选出近百篇文章，编辑成册，聆听大师声音，汲取先贤智慧。这本文选原名即为"教育美学著作选读"，后因考虑种种因素，出版社更名为"什么是真正的教育：50位大师论教育"，产生了较为广泛而良好的影响。二是师从北京师范大学陈建翔教授。在时任校长周春良先生的支持下，我远赴北京做了陈建翔半年的访问学者。陈博士以家庭教育在学术界闻名，其实对教育美学也建树颇丰，他的专著《有一种美，叫教育》给了我不少思想启迪和帮助。在国家图书馆，我还有幸查阅了陈建翔、何齐宗、钟以俊、李剑、李业才等多位博士关于教育美学的学位论文以及相关著作，从他们那里了解到教育美学研究的前沿信息，也受到很多研究思路的启发。我原本的设想是，六个专题分别研究，先出单项成果，形成系列之后再作综合研究；于是，这几年间有了《教师职业幸福的秘密》《发现语文之美》两本小书面世，分别对应"教师之美"、"学科（内容和艺术）之美"三个专题。前者用随笔形式，有叙事，有议论，核心指向是教师职业之美；后者则是有理论阐述，有教学实例，主旨是如何发现和创造语文教学之美。《发现语文之美》既是我多年语文教学的体会和心得，同时也是我思考教育美学的温床和土壤，有心的读者会举一反三，从中悟出一些学科之美的路径和方法。两本书的呈现方式并不相同，但都是我构想中教育美学建筑的重要组成部分。

（二）

这又是一本"提前"问世的书。

所谓"提前"，即如上文所说，教育美学六个专题的单项研究成果尚没有全部形成。之所以提前，乃因为感到了教育实践的需要，感到了生机勃勃的时代之召唤。

首先是来自教育宏观层面顶层设计的热切召唤。近年来，从《国家中长期教育改革和发展规划纲要（2010—2020年）》，到党的十八届三中全会通过《中共中央关于全面深化改革若干重大问题的决定》，都突出强调了美育的重要地位，把改进美育教学列为全面深化教育领域综合改革的重要内容之一。教育美学和美育不是同一概念，其内涵和外延都有其各自逻辑边界，但它们也显然有相当多的重合之处，而如果就广义的美育而言，又不是在严格的学术意义上，两个概念在许多地方庶几可以并行不悖。为什么教育顶层设计对美育（教育美学）的呼唤如此紧迫？可以说，这是现代化社会发展的必然要求。一方面，飞速发展、高度竞争的现代经济对创新性人才提出了强烈需求，而美育与创新性人才的内在逻辑关系十分紧密，这是许多教育工作者所没有认识到的重要课题。另一方面，现代化社会在为人类带来进步和幸福的同时，其快节奏、高压力也给人们带来了巨大的心理紧张，这是无法避免的历史和伦理之二律背反，其纾缓之道唯有美育。故而，教育必须走向美，这是历史的使命和时代的要求！

其次是日益感受到来自教育实践的强烈需求。如前所述，本书的教育美学观十分关注教师职业劳动之美、教学内容和教学艺术之美、学生生命成长之美，而现实状况是：教师职业幸福感不足，职业倦怠严重；课堂这一本应洋溢着智慧、艺术和美的地方，往往被挤压得只剩下干巴巴的习题和机械训练；学生成长空间狭窄，生命营养片面。这些现象的根本改变固然依赖管理体制机制的变革，但是，教育美学无疑可以在特定空间内大有作为，为营造良好的教育生态作出自己的学术贡献。事实上，教育美的匮乏本身，就是导致教育乱象的诸多因素甚至是重要因素之一。同时，近些年来，全国各地一批有见识有担当的教育工作者，纷纷在各自地区、学校以及课堂开展教育之美的实践探索，执著而艰难地寻求突破素质教育瓶颈的行动路径，诸如美的教育、美丽教育、诗性教育、以美育人、魅力课堂、美妙课堂以及渗透于各学科教学中的学科美育等等，有的已经产生相当影响，取得可喜成绩。这些实践研究的名称各异，范式有别，但是其核心价值无一例外地都指向教育之美，即用美引领教育，在教育教学中发现美，创造美，以美启真，以美养德，立美育人。理论总是苍白的，而生活之树常青。这些实践探索是可贵的，努力方向是正确的，预示着教育教学的内部变革更深入地指向本质，指向规律，指向美，即指向人的生命成长和发展规律，其积淀的实践经验也为教育美学理论提供了宝贵而新鲜的滋养。但是，也应该坦诚指出，总体上说，不少指向教育之美的实践研究，因为缺少系统完整的理论引领和顶层设计，还处于自发、零散乃至无序的混沌状态。深入变革的教育现实呼唤着理论的阐释、解答和回应，这也是促使我提前让本书问世的一个因素。显然，如同我在《教师职业幸福的秘密》后记中曾经说过的那样，相对于教育美学这座理想中的巍峨建筑，本书仍然只是一间初具规模的简约小屋而已。教育美学任重而道远！

如同我们的社会正在急剧转型一样，教育也在孕育着巨大变革。但愿年轻的教育美学也能投身时代风雨，经受洗礼，化茧成蝶，走向成熟。

（三）

最后，关于本书的结构体系，还要做一点简要说明。

导言：是本书的总纲，也是系统阐释本书教育美学观的纲领性文字。全书十讲，可分为四个层面：第一讲至第五讲，是教育美学的主体内容，分别讲述教师、教学、知识、校园、学生之美，是对导言中教育美学相关内容的具体讲述；第六讲谈教师美学修养，这是走向教育美学的基本保证，教师美学修养是教师发展的重要内容之一，因此单列一讲，以期引起重视；第七讲谈美育，着重讲美育在教育方针中的地位，以及美育（教育美学）对于创造性人才培养的重要意义。

第八讲至第十讲，分别讲述百年中国教育美学发展史上的三个重要人物。这三人中，蔡元培起了奠基和开拓作用，首倡之功，不可磨灭；李泽厚是哲学美学大家，其人类学历史本体论哲学中的若干观点，可以成为教育美学的重要思想理论资源，其启迪和指引作用已经和正在显现，而且将愈益彰显出强大的生命力。作为一名教育美学学习者，多年来从他们那里汲取了丰富的思想智慧和学术营养，独立成章予以介绍，既是客观评价他们作为教育美学理论基石的重大贡献，也是借此表达致敬之忱。

需要作些解释的是赵宋光。把赵宋光列为专章讲述，是需要一些勇气的，但是，如果教育美学不讲赵宋光则是一种遗憾，尽管其庞杂的学术建构和晦涩的语言风格，部分影响了人们对他的认同，但毕竟掩饰不住其潜藏的灼灼思想之光。愚以为，从蔡元培到李泽厚再到赵宋光，构成了一条百年中国教育美学思想发展的逻辑链条，这个链条草蛇灰线，若暗若明。在蔡元培那里，是振臂一呼，群山响应；在李泽厚那里，是妙手偶得，顺笔一挥而成锦绣；而到了赵宋光这里，则形成比较鲜明的教育美学概念框架和话语体系，并且积极付诸教学实验，已经在一定范围内产生了深刻影响。因此，尽管其中某些观点或尚存商榷之处，某些主张或有待进一步验证，尽管其学说其作为尚没有引起学术界和社会的完全承认，但是，本书仍然不吝篇幅，给予了高度的重视。这是一个谈论教育美学绕不过去的人物。如同李泽厚先生仍然在落基山下乐此不疲地思考中国前途和人类命运一样，赵宋光先生也依然旁若无人般地行进在教育美学的路上，虽然已届耄耋之年，步履蹒跚而鬓发萧然，但目光炯炯，声若洪钟，丝毫未见老态。真理是时间的女儿，学术史上这样的先例不胜枚举。赵宋光，会是一个新的例证吗？

　　教育美学一门是年轻的学科。但她并不孤单，教育美学思想其实和中外大师的教育智慧血脉相承。因此，本书每个章节后，附有若干经典话语，既为读者阅读时提供参照，亦为表示其来有自也！

　　借此机会，谨向多年来关心、支持、帮助我的诸位师长、领导、朋友和家人表示诚挚感谢！

　　舛误之处，殷望读者赐教，不胜感激。

　　是为记。

杨　斌

于甲午年冬日

图书在版编目（CIP）数据

教育美学十讲／杨斌著.—上海：华东师范大学出版社，2015.1

ISBN 978 - 7 - 5675 - 3040 - 9

Ⅰ.① 教 ...　Ⅱ.① 杨 ...　Ⅲ.① 教育美学—研究　Ⅳ.① G40-014

中国版本图书馆 CIP 数据核字（2015）第 024257 号

大夏书系·通识教育

教育美学十讲

著　　者	杨　斌
策划编辑	朱永通
审读编辑	朱　颖
封面设计	戚开刚

出版发行	华东师范大学出版社
社　　址	上海市中山北路 3663 号　邮编　200062
网　　址	www.ecnupress.com.cn
电　　话	021‐60821666　　行政传真　021‐62572105
客服电话	021‐62865537
邮购电话	021‐62869887　　地址　上海市中山北路 3663 号华东师范大学校内先锋路口
网　　店	http://hdsdcbs.tmall.com

印 刷 者	北京季蜂印刷有限公司
开　　本	700×1000　16 开
插　　页	1
印　　张	13
字　　数	176 千字
版　　次	2015 年 7 月第一版
印　　次	2022 年 6 月第三次
印　　数	9 101 - 11 100
书　　号	ISBN 978‐7‐5675‐3040‐9/G·7909
定　　价	35.00 元

出 版 人	王　焰

（如发现本版图书有印订质量问题，请寄回本社市场部调换或电话 021-62865537 联系）